四川首批十大历史名人文化读本

星耀长河
——杰出天文学家落下闳

张治平 侯开良 著

西南交通大学出版社
·成都·

图书在版编目（CIP）数据

星耀长河：杰出天文学家落下闳 / 张治平，侯开良著. —成都：西南交通大学出版社，2019.8
ISBN 978-7-5643-7015-2

Ⅰ.①星… Ⅱ.①张… ②侯… Ⅲ.①落下闳（约前156-前87）–生平事迹 Ⅳ.①K826.14

中国版本图书馆 CIP 数据核字（2019）第 172806 号

Xing Yao Changhe
——Jiechu Tianwenxuejia Luo Xiahong

星耀长河
——杰出天文学家落下闳

张治平　侯开良　著

责 任 编 辑	居碧娟
封 面 设 计	曹天擎
出 版 发 行	西南交通大学出版社
	（四川省成都市金牛区二环路北一段 111 号
	西南交通大学创新大厦 21 楼）
发行部电话	028-87600564　028-87600533
邮 政 编 码	610031
网　　　址	http://www.xnjdcbs.com
印　　　刷	四川煤田地质制图印刷厂
成 品 尺 寸	170 mm × 230 mm
印　　　张	8
字　　　数	90 千
版　　　次	2019 年 8 月第 1 版
印　　　次	2019 年 8 月第 1 次
书　　　号	ISBN 978-7-5643-7015-2
定　　　价	19.80 元

图书如有印装质量问题　本社负责退换
版权所有　盗版必究　举报电话：028-87600562

天文学是中国传统文化的源，中国传统文化中的很多重要思想观念的核心部分就源于天文，如传统时空观、传统政治观、传统宗教观、礼仪制度、哲学观以及科学观的许多重要观念的核心部分就来源于天文，这些观念实际就构成了中国独具特色的宇宙观，中国文化就是在这样一种宇宙观的基础上诞生并且发展起来的。这种宇宙观的核心部分都是在围绕天地人之间的关系进行探索，中国文化的核心内涵也就是对天地人关系的一种理解。要研究学习中国文化，必须从天文学讲起，不了解古代天文学，就不可能从根本上把握文明诞生发展的脉络。天文学是人类最古老的科学之一，在中国有着悠久的传统，在漫长的历史长河中，出现了许许多多杰出的天文学家，西汉时的落下闳便是其中的佼佼者，他参与制定的《太初历》是中国古代一部划时代的历法，至今仍影响着人们的生产和社会生活。他倡导的浑天说是中国古代最先进的宇宙理论，他营造的浑天仪是中国古代重要的观测仪器，他建构的以浑天说为核心的中国古代天文系统是中国古代重要的科学范式，至今对我们仍有启发，学习中国古代天文必须了解《太初历》和落下闳。

——冯时

（中国社会科学院学部委员、著名历史学家、考古学家、古文字学家、中国天文考古学创始人）

序

　　历史名人是时代的弄潮儿，是中华民族的脊梁，是中华文化科学、文学艺术等各方面善于创新创造的领军人物。在中华历史名人星空中，巴蜀是一个多产名人、灿若星辰的奇瑰坤维之区。司马相如曾称赞巴蜀乡绅中多有"非常之人，做非常之事，成非常之功"的特点。孙中山更热诚赞许巴蜀人才"奇瑰磊落，唯蜀有才"的特点。他们为国家民族立德立功立言，献智献慧献才，做出了卓绝贡献，留下了宝贵的历史记忆和祖源记忆的历史遗产，在中华灿烂永光的历史名人星空中占有重要地位。这些名人，不仅具有大家所熟知的"巴蜀自古出文宗""文章冠天下"的文学艺术特点，而且在科学技术、土著地方学问上还有创新创造、敢为人先的特点。

　　蒙文通师曾论证"天文、历算、卜筮、阴阳、辞赋等，乃巴蜀固有的土著之学"。这些土著之学，多是巴蜀人敢为人先、勇于开拓而产生的绝学，后又多由绝学发展为显学，由巴蜀地域，扩而及于中华广域。汉代落下闳，便是这样一位受巴蜀本土学问熏陶、受文翁兴学影响，在学习京师、鳞萃蜀学、比于齐鲁的学术氛围中成长起来的当时世界上最杰出的天文历算学家。他在天数学上有三大贡献：一是"运算转历"，用辗转相除法改革了旧历，制定了新历。旧历是指汉武帝以前几千年几经变易的历算，始于8000年前伏羲时代作甲历，到五帝时代出现黄帝历、颛顼历，到夏商周三代时期，不同时代不同地区还出现了岁首不同的各种历法。夏代以一月为岁首，商代以十二月为岁首，周代以十一月为岁首。战国时代秦国则以十月为岁首，用的颛顼历。直到汉武帝元封年间仍然沿用颛顼历，其历数与当时的天象、农时、气候、岁首的实际情况差别越来越大，需要改革修订，故汉武帝集中了全国首席的天文学家唐都、邓平、落下闳等在京修订历法，其中贡献最大的是落下闳。是他通过数学、物理和天象的辗转相除运算的科学方法，将历代农学家观察的二十四节气，科学地、准确地定位于太阳在黄道位置的确切日期，以冬至为十一月，以正月为岁首，以中气所在月份为节气，以无中气月份置闰，以135个月为交食周期，从而形成阴阳合历的新历法。这套历法既是创新，又是在天象历算学上继承传统，返本皈元，是科学性的复兴初元，故被命名为《太初历》，使用该历的这一年，就被改元为太初元年。这个历书以"落下闳置闰法"为核心，一直沿用至今，后来虽有不少改革和改进，但阴阳合历的基本原则未变，岁首元旦未变（"孟春正月为岁首"沿用2000多年，至民国时期始确定为"春节"），置闰定气原则未变，故被称为"夏历""农历""黄历""皇历"，即官定历书。由此可见，落下闳对中国农历的科学化做出了开拓性的贡献。二是开创性地提出了浑天说理论，重新测定了二十八宿相距度数，更新了当时人的宇宙图像，研制出实验仪器"浑仪"（与今望远镜相似）和"浑象"（天球体上刻画星宿天象），二者统称为"浑天仪"。东汉张衡就是在落下闳开创的基础上，借鉴落下闳"步天路，定灵轨"的实践经验，改进出新的浑天仪的。浑天仪作为天文学仪器，其依据的理论基础就是浑天说。查有梁先生研究出"浑仪"和"浑象"是浑天说这一宇宙理论的物理模型，这是很对的。他认为"落下闳研制的浑仪和浑象，在中国用了2000多年，他的创新是开拓性的"。西汉末成都郫县（今成都市郫都区）人、人称"西道孔子"的扬雄，最初相信的是盖天说，后来改从落下闳的浑天说（《法言·重黎》）。从兹以后,浑天说一直是中国传统天象学研究的主流学说。三是为历代蜀人仰望星空、探索宇宙图像,即司马相如所概括的"苞括宇宙,总揽人物,错综古今,控引天地"的梦想精神和理想精神,奠定了初步的科学基础,其精神影响一直延续至今天的航天追月。从世界天文学史的视野来观察,落下闳所构建的宇宙图像天体运行的"代数结构",可与古希腊天文学家托勒密的天体运行的"几何结构"相媲美,但后者晚于前者200多年(见查有梁先生《世界杰出天文学家落下闳》一书)。落下闳系统是落下闳构建的中国古代奠基于"系统观测"经验体系上的"逻辑体系",这正是中华传统文化重统体重大观的宏观研究思维在中国古代科技研究与应用上的体现。落下闳"观新星,度日月行,更以算推"的科研历程,即运算转历、测定星度,将实践进程与逻辑进程相结合的研究路径,继春秋资中人苌弘之后,为"天数在蜀"特色的形成和发展,做出了奠基性的贡献,为巴蜀文化浪漫梦想精神的传统奠定了理性的基石。

  总起来看,正如杨超所言:"落下闳是阆中的佼佼者,巴蜀的佼佼者,是中华的佼佼者,世界的佼佼者。"本书就是以此评估为宗旨,由对此素有研究的阆中本土学者张治平和侯开良撰写的。本书有三个优点:

一是立足学术，从多方面挖掘、整理和发现有关史料，做了新的开拓，展现落下闳全人。落下闳，其姓其名，其人来历与家学渊源，其故乡阆中所提供的乡土条件与思想学术养料，虽有一些学者探索研究，仅就四川学者而论，如蒙文通师、查有梁先生、冯文广先生等都先后有不少卓见和重要成果，但其人事迹因史料所限，始终扑朔迷离，没有彻底弄清楚过。作者能综合前人成果，从考古、文献、民俗等多重证据入手，进行新的文化阐释，给人勾勒了一个较全面的落下闳其人及《太初历》改历的历史画卷。如认定落下闳乃出于皋落氏，源于巴人的古老天文世家，其天文学文脉来自上古太皋伏羲氏。对于落下闳的出生地，作者解析巴人居坝里、坝里即下里皋落的巴夷人聚落，尝试性地指出了落下闳的出生地就在今阆中古城附近嘉陵江两岸的皋落坝里。

二是书中着力描绘和考证阆中是古巴蜀天文学之乡，是"天数在蜀"的一个重要发生地。历代阆中天文学人才与家族绷绷相属，不绝如缕，道德磊落，才华奇瑰。阆中山水气势奇特，适宜阴阳卜算、观星推历，留下天星台、燎祭遗址以及文成山、盘龙山、灵城山、灵山、高成山诸遗迹和七里坝、白沙坝、兰家坝、彭城坝等考古遗址。

三是用生动的文笔把落下闳史料讲活，把阆中天文学文脉讲得鲜活可感，把"天数在蜀"的天文学知识讲得生动有趣，让落下闳博物馆、春节文化主题公园、春节文化博览会等文创园地的文化走向民间，让落下闳创新精神沁入老百姓的心田，让天文科普活动进一步融进巴蜀旅游，促进四川文旅融合的发展。

本书在这些方面做了有益的尝试，值得向读者推介。

谭继和

（著名历史学家，四川省历史学会会长，
四川省社会科学院研究员，博士生导师，
四川省政府文史馆馆员）

2019 年 7 月

前 言

  我国是有着5000年文明史的国家,在漫长的历史长河中出现了许许多多文化名人,他们为中华文明及人类文明的发展做出了卓越的贡献。为了深入挖掘、保护历史名人资源,大力传承发展中华优秀传统文化,不断提升文化软实力和文化影响力,四川省启动了历史名人文化传承创新工程,于2017年7月评选出首批四川十大历史名人。落下闳就是四川十大历史名人之一。

  落下闳为什么能入选首批四川十大历史名人?

  四川省社会科学院研究员查有梁先生是这样介绍和评价的:

  落下闳(约公元前2世纪),西汉民间天文学家。复姓落下,名闳,一作洛下闳,字长公,巴郡阆中(今属四川阆中市)人。元封年间(公元前110—公元前105

年)受武帝征聘,官居太史待诏。曾与邓平、唐都创制《太初历》。测定过二十八宿赤道距离(赤经差)。首次提出交食周期,以135个月为"朔望之会"。

主要贡献:《太初历》的主要创立者,浑天说的重要倡导者。曾制造观测星象的浑天仪,奠定了我国古代先进的宇宙结构理论基础和汉代以来中国历法范式,对于推动中国天文学的发展起到了重要作用。

历史功绩:创制《太初历》,决定性地影响了汉代以来中国传统历法秩序;倡导浑天说,创新了中国古代宇宙起源学说;发明"通其率",影响中国天文数学2000年。

在四川的历史遗存:阆中古城、阆中云台山、盘龙山、灵山、管星街、观星楼、观星台、春节文化主题公园等十余处。

当代价值:落下闳具体负责制定《太初历》,于公元前104年由汉武帝颁布。这部《太初历》完整记载于《汉书》之中,在天文历法上有重大创新。由落下闳研究制造的赤道式浑天仪,实际测量的二十八宿的赤道距度,以及他应用数学方法推算出来的一系列天文大数据保存至今,仍有研究挖掘的价值。他将二十四节气及岁首的安排方式科学化,形成了影响中华民族2000多年的春节民俗及二十四节气民俗,给中华文明以深刻影响。《太初历》是我们认识、理解中国传统的100多种历法和中国传统的浑天说宇宙理论不可缺少的基本知识。

一句话评语：落下闳主研制定的《太初历》，集中国传统历法之大成，在系统观测和数学结构方面有一系列创新，称为"落下闳系统"，与比他晚多200年的古希腊天文学家托勒密的《天文学大成》所建构的系统相比较，各有特色，影响深远，永载史册。

为了使落下闳这位历史名人及其文化"活"起来，彰显落下闳这位中国古代杰出科学家代表的科学智慧、科学态度和科学精神，四川省和阆中市大力实施落下闳历史名人文化传承创新工程。其中，落下闳历史名人文化科普活动被列入工程之一。为此，我们编写了《星耀长河——杰出天文学家落下闳》一书，供广大青少年和天文历史文化爱好者使用。

《星耀长河——杰出天文学家落下闳》一书主要介绍了落下闳的生平事迹、天文成就以及他对后世天文传承、中华文明和春节文化形成的影响。落下闳名人文化读本的主旨是促进青少年学习和传承落下闳作为杰出天文学家的伟大精神。落下闳精神主要表现在以下几个方面：一是冷静分析、严谨认真的科学精神；二是不畏艰难、破旧立新的创新精神；三是据理力争、敢于碰硬的较真精神；四是小心求证、精益求精的工匠精神；五是不计名利、献身科研的奉献精神。青少年学习和传承落下闳精神，将有利于从小树立热爱科学、勇于探索、锐意进取和追求卓越的宏大志向，有利于从小增强中华优秀传统文化的历史记忆、精神记忆，提升科学素养和人文素养，促进文化自觉和文化自信。

《星耀长河——杰出天文学家落下闳》全书共分六章，系统地介绍了落下闳的生平及其杰出的天文学成就。作者在立足文献史料的同时，吸收了大量有关落下闳研究的最新成果，揭示了许多有新意的东西。为了便于读者认识和了解落下闳，特意增加了"导读"部分，一是为理解落下闳的天文成就提供必要的天文历史文化背景，二是将落下闳置于整个中华文明历史长河，便于读者深入理解和把握。

考虑到青少年的阅读接受能力，作者在本书编写过程中力求做到内容深入浅出，形式图文并茂，语言通俗易懂；力求做到科学性和通俗性相结合，知识性和可读性相结合。本书由张治平策划统稿以及撰写了第一、二、六章，第三章第一节，第四章第一节、第二节，侯开良参与了第三章第二节、第四章第三节和第五章的撰写。著名历史学家、中国社会科学院学部委员冯时先生为本书撰写了题词，著名历史学家、四川省历史学会会长、四川省政府文史馆馆员谭继和先生和四川省社会科学院研究员查有梁先生对本书的写作进行了悉心的指导，谭继和先生还欣然为本书作序，对作者进行了鞭策和激励。在此对他们三位学者表示衷心的感谢。阆中市教育科技和体育局及阆中市科协对本书的写作也提供了相关的帮助与指导，在此表示衷心的感谢。西南交通大学出版社的易伯伦、黄庆斌、胡军先生和居碧娟、郑丽娟女士为本书出版付出了辛勤的工作，在此表示衷心的感谢！同时，书中参考了大量文献资料，未能一一注明，特向有关文献资料作者致谢。

目 录

导　　读　001

第一章　落下闳的生平事迹　005

　　第一节　落下闳的生平简介　006
　　第二节　落下闳的天文文化背景　010

第二章　落下闳与《太初历》　019

　　第一节　太初改历的背景　020
　　第二节　落下闳对《太初历》的主要贡献　026

第三章　落下闳与浑天说　036

　　第一节　落下闳倡导浑天说　037
　　第二节　浑仪浑象与天文观测　048

第四章　落下闳与二十四节气　060

　　第一节　节气观念的形成　061
　　第二节　二十四节气的历法内涵　064
　　第三节　四时节令文化　067

第五章　落下闳与春节文化　077

　　第一节　春节溯源　078
　　第二节　春节的文化意义　083
　　第三节　阆中春节民俗　087

第六章　落下闳的影响及天文传承　094

　　第一节　落下闳天文成就的影响　095
　　第二节　落下闳天文传承　100

寄　语——时代呼唤落下闳精神　107

参考文献　109

导　读

　　中国是世界四大文明古国之一，也是最早进行农牧业生产的国家。在长期的奋斗历程中，我们的祖先创造了独具特色的中华文明，并形成了以促进人与自然和谐为核心的天文历法，对中国宗教传统、政治制度、礼仪典章、建筑艺术、哲学思辨和科学观念等产生了深远的影响。天文成为知识之母、文明之源。考古学和历史学研究表明，我国有近万年的天文文明史，从距今8000年的河南贾湖遗址，经距今6500年的河南濮阳西水坡遗址，到距今四五千年前的辽宁牛梁河遗址、山西陶寺遗址、浙江良渚遗址等，均出土了大量古天文遗物[1]，表明远古中国不仅有着非常发达的天文学，而且天文历法在中华文明的演进中也起着重要的推动作用。

　　天数在蜀，河洛之学多在蜀汉间。

---

[1] 所列举的几个代表的考古遗址中出土的天文遗物有贾湖遗址用于候气的骨笛、西水坡的天文星象图、牛梁河遗址的天文祭坛、陶寺遗址的古观象台、良渚玉器上的太阳鸟（金乌），这些都是我国考古天文学的重要文化标志。

四川自古以来天文发达,阆中灵山①出土的新石器时代三孔礼天石刀,表明距今5000年左右,阆中灵山就是古巴蜀先民历象日月星辰的天文圣地。三星堆出土的青铜神树,反映的是扶桑神话十日传说,表明3000多年前成都平原就有发达的天文学。金沙遗址出土的太阳神鸟金箔,表明当时古蜀国不仅崇拜太阳神,而且有明确的四时八节十二月年岁文化观念。

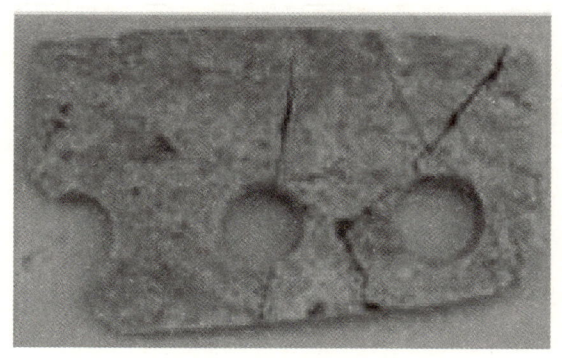

阆中灵山出土的三孔石刀

阆中自古以来就是川东北文化中心,战国时曾为巴国国都。《华阳国志》《后汉书》中记载古代阆中有用于天文观测的神山灵台。相传三皇之首的伏羲,其母华胥便是四川阆中人。华胥在阆中嘉陵江畔践雷神足迹感孕而生育了伏羲。伏羲生而神明,仰观俯察,观象于天,取法于地,创建了八卦,并定四时(四季),立元日,制定了我国最早的历法,被尊为春神和人文祖源。

---

① 灵山遗址位于阆中古城东5千米的灵山山顶,是目前嘉陵江中游干流发现的唯一的新石器时代文化遗址。2016年,考古人员在作天文考古调查时,在灵山发现了山顶燎祭遗址和三孔礼天石刀,证明灵山是阆中上古先民观星历象的天文台,证明阆中有着非常悠久的天文历史传统。

四川广汉三星堆出土的青铜神树　四川金沙遗址出土的太阳神鸟图徽

　　春秋战国时期著名天文学家、四川资中人苌弘明晓天文历数，创立了二十八宿星官体系。战国末期，嘉陵江流域的賨人天文学家、哲学家鹖冠子隐于深山讲学著书，后人根据他的著作整理成《鹖冠子》一书。《鹖冠子》是春秋战国诸子著作中论述天文最多的一部，其中的天文哲学思想对后世产生了重要影响，在中国天文史上占有重要一席。西汉时，阆中天文学家落下闳曾创制了世界上最早的依源于浑天说的天文观测仪器——浑仪，为历代所传承。其明代仿制品至今仍存放在南京紫金山天文台，成为古代中国的"大国重器"。他倡导的浑天说宇宙理论取代了源于上古的盖天说理论，在古代天体学说中占据统治地位。他所参与研制的《太初历》是古代最完备、最先进的历法；

被誉为"汉历之祖""百历之宗",成为后世治历的范本,对中国古代天文历法产生了极为深远的影响。2004年,国际天文学联合会为了纪念与表彰落下闳杰出的天文成就,将一颗永久编号为16757号的小行星命名为"落下闳小行星"。2017年,四川省启动了"四川历史名人文化传承创新工程",落下闳因其卓越贡献,被评为四川十大历史名人之一。

落下闳观星图(杨云 作)

第一章
落下闳的生平事迹

2004年9月16日下午3时,北京钓鱼台国宾馆国际俱乐部大厅座无虚席,由中国科学院国家天文台、四川省阆中市人民政府联合举办的"落下闳小行星命名仪式新闻发布会"在此隆重举行。一个编号为16757号的小行星被国际小行星联合会命名为"落下闳小行星",以此纪念落下闳在天文学上的卓越贡献。落下闳这位西汉时期的天文学家犹如一颗闪亮的明星,穿越2000多年历史长河,至今星光灿烂。

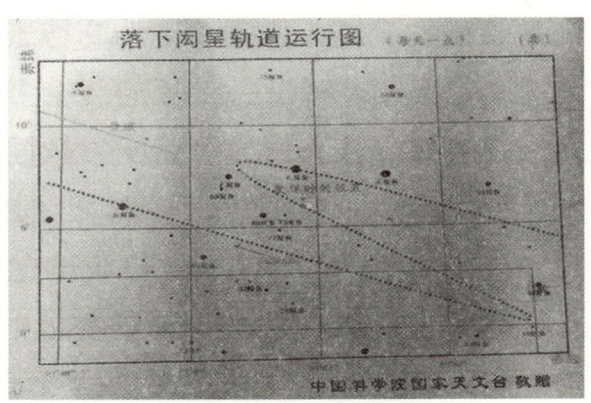

落下闳星轨道运行图

第一节　落下闳的生平简介

落下闳，字长公，复姓落下，名闳。西汉时期天文学家，生卒年不详，生活于公元前100年前后，巴郡阆中（今四川阆中市）人。

汉武帝元封年间（公元前110—公元前105年），为了改革历法，朝廷征聘天文学家。经同乡谯隆推荐，落下闳由故乡来到京城长安。他和邓平、唐都等合作创制的历法，优于同时提出的其他17种历法，被汉武帝采用，于公元前104年颁行，年号改为太初，新历因而被称为《太初历》。汉武帝请落下闳担任侍中（顾问），他辞而未受。落下闳是浑天说的创始人之一。经他改进的赤道式浑仪，在中国用了2000年。他测定的二十八宿赤道距度（赤经差），一直用到唐开元十三年（公元725年），才由僧一行重测。落下闳第一次提出交食周期，以135个月为"朔望之会"，即认为11年应发生23次日食。

落下闳知道《太初历》存在缺点——所用回归年数值（356.2502日）太大，有预见性地指出"后八百年，此历差一日，当有圣人定之"。事实上，每125年即差一日，到公元85年就实行改历。

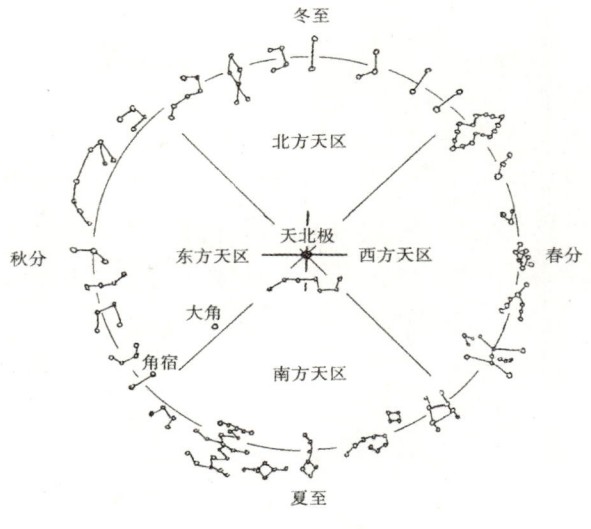

二十八宿周天图

（据《尚书·尧典》四仲中星为坐标绘制）

落下闳参与研制《太初历》，具体负责历法运算和观测，倡导浑天说，研制浑仪、浑象，在天文学上做出了巨大贡献，在中国科学史和中华文明史上产生了重大影响。

据东晋《华阳国志》等史书记载，落下闳又作洛下闳，是西汉巴郡阆中（今四川阆中市）人。

《史记·历书》记载：汉武帝继任皇位后，"招方士唐都分其天部，而巴落下闳运算转历，然后日辰之度与夏正同"。《史记》的作者司马迁以太史令的身份直接参与和领导了这一次改历活动。他认为唐都和落下闳是太初改历的主要天文学家。历法的具体历算工作是由落下闳承担的。

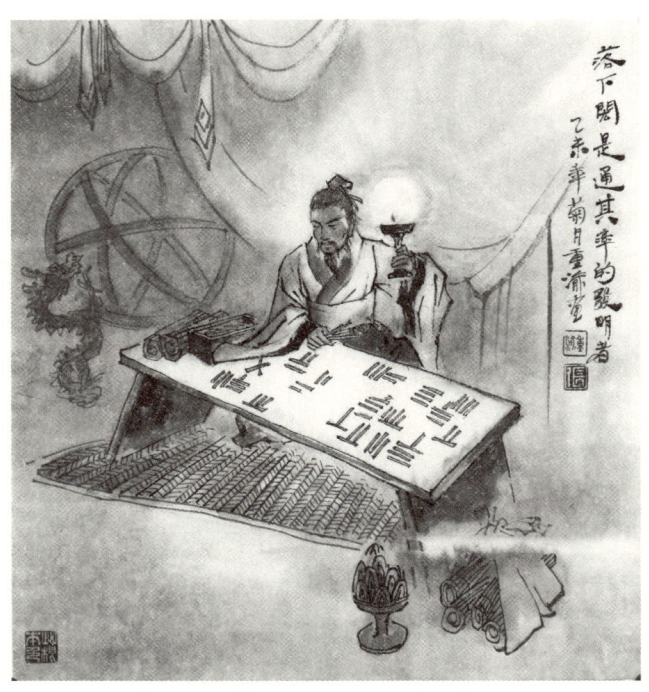

落下闳运算转历（张重渝 作）

东汉班固在《汉书·律历志》中对太初改历工作的记载比《史记》更为详尽，认为是先由中大夫公孙卿、壶遂、太史令司马迁、侍郎尊、大典星射姓等议造改历，在灵台①（国家天文台）设立了仪晷测日影长短，确定了东西方向及计时方法，再在灵台进行相关的观测与校验，研究二十八宿星象相距于四方的距离，确定两分两至朔望及行进轨迹等工作。同时，改历的元封七年又逢摄提格②之年，仲冬十一月甲子朔旦为冬至时刻，

---

① 灵台：周代至宋代国家天文台的称谓，相传周文王修筑了历史上第一个灵台。据《华阳国志》载，阆中有"名山灵台"，即今阆中灵山和云台山。

② 摄提格：古代干支纪年名，一说甲寅虎年之义，一说丙子之年。

日月在建星，太岁在子位，是改历理想的历元时间点。但是大典星射姓向汉武帝报告，称他们改历团队对二十八宿赤道距度和两分两至日月运行的时间点等不能进行精确的计算。于是皇帝乃发诏书征聘新人参与治历，长乐司马可、酒泉侯家君及民间治历者 20 余人参与治历。方士唐都、巴郡落下闳也参与了征召。唐都的任务是分其天部，确定四象二十八宿等日月星辰的分布状况。落下闳则承担运算转历工作，研究日月星辰的运行周期，测算二十八宿赤道距度。落下闳的方法是将沿于上古的律管候气调律吕求天地风气之中正的办法作为律历的标准，其结果与另一历法家邓平治历的结果相同。于是汉武帝乃命司马迁采用落下闳和邓平所造八十一分律历，罢废了另外 17 种不精密的历法，然后派人于灵台观测校验新历。经过宦官淳于陵渠等的检验，新历测算的晦朔弦望时间与实际的天象相符合，最为准确严密，于是宦官淳于陵渠上奏朝廷，汉武帝正式采用邓平和落下闳的历法，并确定元封七年为太初元年，故新历名为《太初历》。《汉书》记载落下闳所承担的是太初改革中最核心的关键工程——天文历算。落下闳以其卓越的天文运算成就解决了太初改历中的"天文历算"难题而名垂青史。《太初历》是当时世界上最精密、最先进的历法，但落下闳认为其并不是很精密，且有预见性地说"后八百年，此历差一日，当有圣人定之"。事实上，每 125 年即差一日，到公元 85 年就被新历所替代。这表现了他严谨的科学态度和实事求是的科学精神。

第二节 落下闳的天文文化背景

落下闳何以能以一个民间天文学家的身份承担《太初历》的核心研制工程,并提出浑天说,制作浑仪、浑象?其原因在于落下闳的族群背景和古巴蜀及阆中独特厚重的天文文化背景。

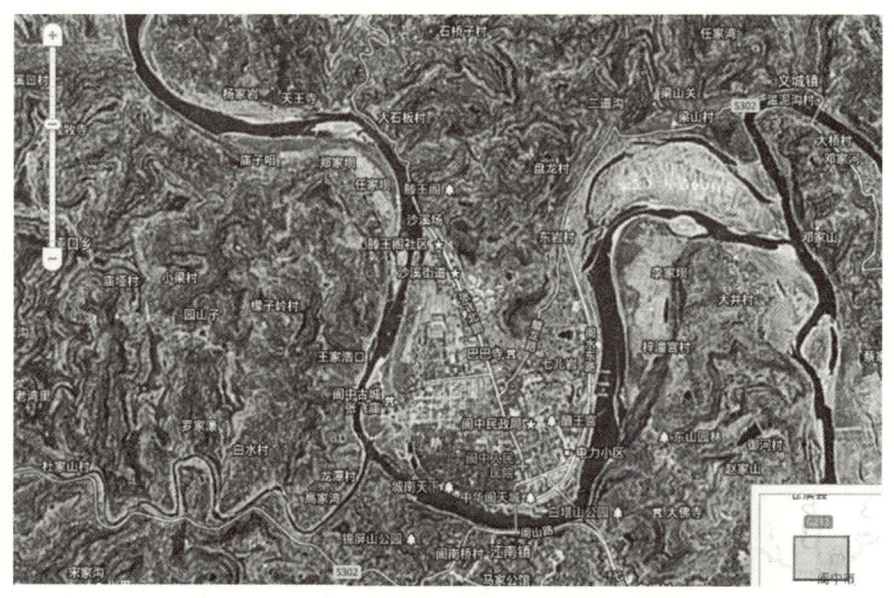

阆中独特的"太极曲流"地理奇观

《史记》记载"巴落下闳,运算转历",表明了落下闳不但是汉代巴地巴郡人,而且不属于当时的汉族,而属巴人,是巴夷人。四川大学刘长东先生认为落下是复姓,为古赤狄支系。汉代应劭在《风俗通义》里说,落下氏即皋落氏,属古夷狄人,以国为姓，即以居住地的村落里邑为姓，与巴人始祖太皋伏羲氏同族。台湾著名历史学家许倬云先生认为，"狄"代表的就是牧养文化的人群。他们常常带着牧犬在原野上照顾牛羊，到了晚上就构火围居。"狄"即带着狗在火边围坐的人群，"夷"就是挟带长弓的渔猎族群，历史上夷与狄相杂，故"狄""夷"相通，并称为"夷狄"①。其实太皋伏羲氏之"伏羲"一名就体现了上古伏羲族群牧养渔猎的生活习俗。汉字中的"皋"通"昊"，"昊"是"皋"的引申字。"皋"即水岸、水边台地及沼泽之义，通"高"。"皋落"即水岸边平坝台地的聚落和村落，这种台地聚落在嘉陵江流域，俗称"坝""坝里""下里"。"下里巴人"的典故证明了巴人居下里、居坝里的事实。如今，从重庆的菜园坝、沙坪坝，一直到阆中的白沙坝、彭城坝，以及广元的上西坝、下西坝，到处都能看到以"坝"统称里落村落的历史遗留。著名史学家徐中舒先生认为巴人就是先秦时期聚于"坝里的人"，"巴"即"坝"。

巴人是中华民族中一个极为古老的族群，相传中华人文始祖伏羲便出自该族群。上古奇书《山海经》曾载："西南有巴国，太昊生咸鸟，咸鸟生乘厘，乘厘生后昭，后昭是始为巴。"巴人属于太昊伏羲氏的后裔，夏商周时期巴人就已栖于四川盆地东

---

① 夷狄：古代中原华夏族对居住在其周围的少数民族的称谓。此观念主要形成于春秋战国，对于居于中原的称为华夏族，华夏族之外的皆称为"夷人"，即"四夷"，具体讲往往又称为东夷、南蛮、西戎、北狄。秦汉大一统政治格局促进了族群融合，形成了以华夏族为主体、多民族融合的汉族，西汉初年嘉陵江流域主要族群有賨人板楯蛮、白虎巴人、土著濮人及由中原迁徙而来的中原汉人（华夏族）。

部的秦巴山区一带，即今天的西汉水嘉陵江流域和汉江之间。战国《列子》和宋代《路史》等典籍曾记载阆中上古为华胥氏之国。夏商周之时，阆中是巴人重要支系賨人板楯蛮（又称彭人）世代累居之地。彭人曾参加过周武王伐纣，也是一个古老的民族。阆中至今仍保留着彭道将池、彭道鱼池和巴渝舞等众多名胜古迹和人文传统。春秋之时，巴国与楚国杂处，后巴楚庸三国互相攻伐作战。楚国逐渐强大，巴国受楚国欺压，被迫西迁到嘉陵江流域一带，最后定都阆中。公元前331年，巴国与蜀国被秦国吞并。为了统治的需要，秦虽统一了巴蜀，但一直优待巴人，保持巴人原有的爵位与封号。直到两汉时期，阆中嘉陵江流域仍然是巴人世居之地，三国时期阆中仍有巴夷王、賨夷侯的称谓著称于史。秦汉时，嘉陵江又称渝水，便是因巴人擅长使用独木船而得名。渝的本义即"俞"，就是独木舟，它是巴人重要的生产工具和交通工具，表明当时巴人是农耕兼渔猎的民族。《华阳国志》和《后汉书》称巴夷人天性劲勇，喜歌舞，曾助武王伐纣。其歌舞被称为巴渝舞。

阆中巴渝舞（涂兴明 摄）

华胥（涂兴明 摄）

今阆中"七里坝"俗称"七里"，秦汉时又称为孳凫乡。徐中舒先生认为"孳凫"即"凫孳"之倒语，"凫孳"即"伏羲"之义，孳凫乡即"伏羲乡"。七里与赤里、赤狄、孳里音谐相通，孳里、赤里正说明巴人源于赤狄。"狄"从"犭"，从"火"，表明赤狄牧养畜犬、构火围居的特点。伏羲正是中国古史文献中记载牧养畜犬的族群。伏羲一词从"羊"，从"犬"，正契合"赤狄"之本义。历史上苗族和瑶族的槃瓠（盘古）神话反映了这一史事，伏羲即盘古已为人类学、民俗学证实。考古史表明：世界最早驯化犬的历史源于中国西南部，而这正与民俗学、人类学的古巴人及苗瑶族群的历史相契合。阆中古城及附近的七里坝、彭城坝、郑家坝、白沙坝、兰家坝是阆中古代土著族群巴人和賨人的世居地，被誉为"伏羲所都"。附近的高成山、文成山、灵成山、白沙坝一带的高岸台地最有可能是落下闳及其族群栖居之地，不仅出土了多个史前文化遗址和商周文化遗址，用于观星历象的上古灵山灵台也皆在其附近。

天数在蜀，以巴阆为盛。

《列子》所记载的上古华胥氏之国①，"其国无师长"，老百姓过着自然无为、无忧无虑的生活。该国有很多奇能异士，能"入水不溺，入火不热"。这其实是数千年来流传在中国民间的端公神巫神职人员的跳神功夫。华胥氏之国是一个神话传说中的仙国。神话是历史的影子，华胥氏之国就是华夏民族源头的华族（华胥氏部落），一个崇拜玫瑰花、以花为图腾的民族。这一特点与考古中的庙底沟文化尚玫瑰相契。更有意思的是，巴人自古以来称花为"葩""芭""巴"（花苞）。华胥氏是一个生活在古华山（今称秦巴山区）南部的母系氏族，又称华阳古国。其地望在今陕南川北和川西北及甘南一带，也就是今天嘉陵江流域中上游及汉江中上游和甘南一带。阆中便是传说中华胥氏之国的都城之一，被称为"昆仑门户""阆苑仙境"，故为"阆中"。《路史》还记载了华胥在阆中渝水之滨践大足感孕而生伏羲的故事。直到今天，阆中仍保留了众多与华胥及伏羲传说有

---

① 华胥氏之国：战国《列子》记载的古国，传说为人祖伏羲故国，其母亲为该氏族首领，名华胥。学者们认为，华即花、花葩，葩即巴，华胥氏部落乃古巴人的远祖。

关的历史遗迹,如伏羲诞生的彭道将池,十巫上天入地的灵山,伏羲作卦仰观俯察的云台山,象征天盖的伞盖山、盖阳山以及通天的玉台山、灵山等。这些史迹与《山海经》所描述的巴族演变史相契合,同时表明阆中有非常古远的天文及神仙文化传统。

春神伏羲(杨云 作)

史载战国时期古蜀开明王朝丛帝鳖灵曾登过阆中灵山,在灵山留下了众多开明氏文化遗迹及传说。

古巴人及賨人自古以来就是天文文化发达的民族。春秋之时的苌弘便是出生于古巴蜀资中的著名天文历法学家,精通律历。传说孔子曾问乐律于苌弘。战国晚期的鹖冠子是著名的賨人政治学者和天文学家。史料记载他隐居深山，以鹖羽为冠，故号鹖冠子。这与落下闳因隐于皋落之下而名落下闳的起名方式一致。这也正是古巴賨人起名的特点。鹖冠子早落下闳 200 年左右，生活于秦国统一巴蜀期间。有学者研究认为鹖冠子可能是巴王室中的天文官，后人根据他的著述整理而成《鹖冠子》一书。《鹖冠子》中有较系统的天文论述。在这一点上，先秦诸子无人能与之相比。

鹖冠子（陈文大 作）

《鹖冠子·环流》中记载古阆中先民习惯"以斗建时"，即善于以北斗斗柄指向来定四季，"斗柄东指，天下皆春；斗柄南指，天下皆夏；斗柄西指，天下皆秋；斗柄北指，天下皆冬"。

今天阆中民间的《北斗谣》也有"斗向东，春意浓；斗向南，是夏天；斗向西，秋收季；斗向北，快年节"的形象描述。这种以北斗确定四时四季的方法，与传说夏代的《夏小正》根据"正月傍晚黄昏斗柄悬在下，六月傍晚黄昏斗柄指在南方"的观象授时纪历方法相一致，说明战国时阆中古巴賨的地方天文历法思想与《夏小正》所揭示的夏代历法相一致，这也是落下闳主张《太初历》"行夏正，以正月为岁首"的重要渊源。《鹖冠子》中的"中参成位，四气为政，前张后极，左角右钺""春用苍龙，夏用赤鸟，秋用白虎，冬用玄武""四气为政""散以八风""天始于元，地始于朔，四时始于历"等天文认识明显与《太初历》所蕴含的天文内容相似。这些不仅反映了战国时古巴地和阆中有发达的天文文化，而且表明落下闳所代表的天文文化与鹖冠子所代表的巴賨天文文化之间有着重要的传承关系。

史载古巴人中有一支源出于巫诞，又称诞民、蜑人、蛋人。巫蛋源于古夷人，亦说百越。这个族群中有卵生生殖神话、宇宙卵生生殖图腾文化及感生神话。

人源于卵生的神话极为古远。《诗经》中就有"天命玄鸟，降而生商"之说。《诗经·生民》叙述了周人始祖后稷是在其母姜嫄践大足后感孕而生下的，其类似于华胥践大足而生伏羲的感生神话，证明巴人与周文化有关联性。姜嫄生下后稷是"诞弥厥月，先生如达"，生下的是一个胎衣未脱的肉球，后把后稷弃之于野，由于牛马不欺，百兽不加害，并有神鸟覆翼化卵，后稷最终存活下来，又被从野外捡回来抚养。这一神话与三国时期《魏书》所载高句丽朱蒙生于卵的神话如出一辙。高句丽之先祖朱蒙降生时也是一个大如五升的巨卵，后被弃于野，猪犬不食，牛马不相害，后朱蒙破壳而出。"朱蒙即勾芒"，勾芒正是太昊之佐神。卵生神话便是后来"天地混沌如鸡子"的盘古开天辟地神话的起源，也是落下闳"浑天说"的重要来源。巴人自称巫诞、蛋民、蛋人的源头在此，今布依族源自古巴人，他们仍自称"蜑人"，将天称为"浑蛋"或"浑"。浑蛋即圆天之义，"蛋"成为宇宙生命和天球的喻象。浑蛋、浑球、浑人的初义是以天之圆寓意吉祥美好，也具有天之子民之义。但在今之民俗中，"浑蛋""浑球""浑人"成了对人的一种贱称。土家族也是巴人后裔，其民俗中至今仍有卵玉化人的神话。在今春节、做寿、婚宴等喜庆民俗中仍有"吃蛋""吃馄饨"的习俗。这或许就源于古老的"天地混沌如鸡子"的宇宙生化观。人们把吃蛋、吃馄饨看作年岁更替的象征，寄托着对新年新人、新生活的美好祝福。

第二章
落下闳与《太初历》

俗话说："山中无甲子，寒尽不知年。"为了生产生活方便，人们就必须建立起属于自己的时间体系。对这种时间秩序体系的探索，古代叫作历法。历法是人类以时空规划的方式适应自然、利用自然和改造自然的重要思想方法。它通过月令文化和

汉武帝颁诏《太初历》（张重渝 作）

节令文化指导人们生产生活，是整个社会制度和社会秩序的基石，同时也是皇权的象征。古代颁布历法都是以皇帝名义进行的，故民间常称历法为皇历。汉代时，人们将秦汉以前的古历概称为古六历，即黄帝历、颛顼历、夏历、殷历、周历和鲁历。但对后世影响最大的历法则是汉武帝太初元年所颁布的《太初历》。

第一节　太初改历的背景

　　早期的历法是以物候的变化来确定时间和季节的，如人们通过观察候鸟的迁徙、草木的枯萎、农作物的成熟周期来进行时间规划和判断。随着认识水平的提高，人们便从对一般的物候的观察转而探索日月星辰与社会生产生活的关系，进行观象授时。正如《周易·系辞》所说："仰则观象于天，俯则观法于地。"在长期的观察中，人们不仅观象授时，而且在观象授时经验积累的基础上，运用数学历算方法进行推步授时，这样便形成了较固定的年、月、日等时空观念，并按某种人为的规定，将年、月、日编排起来形成历法，以指导和安排社会生产及社会生活，建构人与天地和谐的秩序。由于回归年、太阳日、朔望月三者之间没有公约数，而各个时代的年、月、日的长度也取各个不同的近似值，因此就产生了"阴历"或"太阴历"、"阳历"或"太阳历"以及"阴阳合历"等不同的历法。

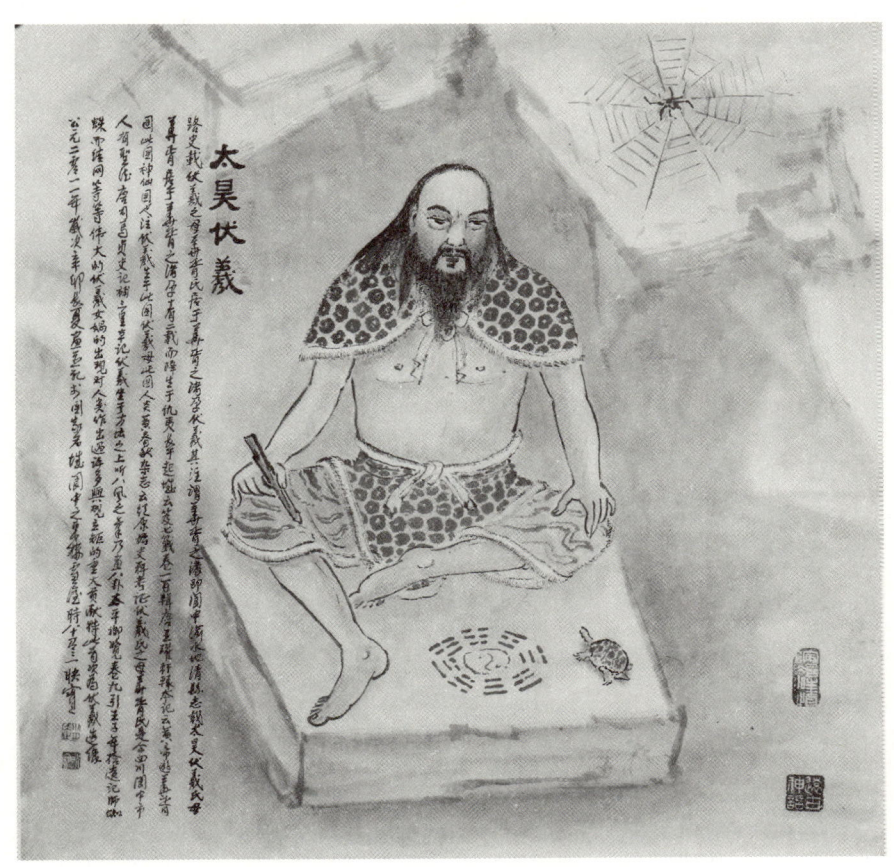

伏羲画卦　制春历元（赵映宝　作）

  我国的历法从商代起就是一种兼顾朔望月与太阳年的阴阳合历。这种历法为了使历法中的太阳年周期与阴历周期协同和谐，便形成了置闰法。阳历是将地球绕太阳运行 1 周所需时间定为 1 年，约合 365.25 日。阴历是将月亮绕地球 1 周，即从月缺或月圆到下次月缺或月圆所需时间（朔望月）定为 1 月，约为 29.53 日。为了取其整数，将月分为大小月，大月 30 天，小月29天。人们在观察和实践中发现阴历12个月的日数与阳历1年的日数相近，故形成了1年12个月的时间规律。但阴历1年比阳历1年大约要少11天左右，3年就要差1个月以上。如果以正月为春季之始，3年后春季就要推迟到二月开始，正月就会变成冬季，造成时序混乱。为了协调太阳回归年和朔望月两个不同周期的长度，人们采用了置闰法，即每隔2至3年插入1个闰月的方法，使之协调统一起来。闰月置于年尾或年中，若置于年中，则重复前月的月名。由于置于年尾易造成过两次年的情况，故《太初历》后，闰月一般不置于年尾岁末。

一年从何月何日开始历来是历法的大事，古代称之为"建正"。建正是历法的元点、基准点，也是王权皇权的象征，"正，政也"。"建正告朔"是政治制度的根本。每年天子（皇帝）必将历法月令告知臣民，以统一时间制度，这是王朝政治的基础。因此在中国历史上，凡王朝更替，必正朔改历，以彰王权。在此背景下形成了"三正"和"古六历"。相传夏历以建寅之月为正月，殷历以建丑之月为正月，周历以建子之月为正月。在中国古代，人们以干支甲子纪时，规定子月为冬至日所在月份，所以按地平方位排列，丑月、寅月应分别代表冬至所在月之后的第一月和第二月。在先秦，月令文化是一切社会秩序和政治文化的基础，"三正"实质上代表夏商周三代将月令文化作为政权文化的基础。春秋战国，由于天下纷争，周朝统治秩序遭到破坏，夏商遗族之民及四夷之民各行其历。

春官图（赵正义 作）

秦始皇统一中国后，为了实现政权、文化、制度的大一统，实行了"书同文""车同轨""行同伦""历同律"等重大改革措施。为了实现"历同律"，在全国统一推行颛顼历，结束了春秋战国以来历法混乱的局面。虽然颛顼历在古六历中较合天象，"疏阔中最为近似"，但颛顼历与其他古历一样，主要是黄河中下游地区先民的产物，在物候星象等方面与大秦帝国所辖巴蜀荆楚吴越等地区不尽相同。特别是朔策方面难以取得准确的值数，经过一段时间积累，历法的误差便比较明显。颛顼历经秦帝国在全国推行，在汉初沿用110多年后，累积误差越来越大，历法推算结果与实际天象极不吻合，使得人们在朔晦之日这一本不应看见月亮的日子看到了月亮。历日逐渐失去了明确的季节含义，月令不能准确反映节令气候变化规律，无法正常指导农业生产和王朝政治文化生活。为了解决这一问题，朝廷对沿用秦颛顼历在置闰方法和合朔上进行了一些调整，但未从根本上解决沿用颛顼历以来出现的岁月失序、历不合律的问题（不合乎以四时八节为核心的五行行气的宇宙自然节律）。

汉朝之初，汉承秦制，汉朝接管了秦朝打下的疆域。由于秦帝国主要是以武力征战实现了横扫六合、天下一统，结束了春秋战国长达500年的纷争动乱，帝国的整个文化制度建设和政权巩固极为困难，因此在建国20年左右就土崩瓦解，被西汉取代。西汉也是在多年征战中才建立起了中央政权，百废待兴，改历制元条件还很不成熟。文帝、景帝之时，朝廷曾就改历进行过讨论，甚至有过激烈的争论，但当时的基本国策是休养生息、无为而治，再加上意识形态上黄老学说居于主导地位，彻底的历法改革不可能施行。直到汉武帝时，汉武帝自认为其丰功伟绩达到了顶点。在元光、元朔、元狩时期，卫青和霍去病等已将匈奴打退，河西走廊被纳入汉朝版图。元封年间，汉武帝平定了南越国和东越国，还北击朝鲜，使朝鲜半岛成为汉朝疆土，疆域超过了秦朝的鼎盛时期。同时，国家统一，社会安定，国力大张，中央集权和封建统治进一步加强，以儒家为核心的大一统文化制度也初步形成，建正朔、颁新历和封禅泰山的条件遂逐渐成熟。

元封七年（公元前104年），中大夫公孙卿和太史令司马迁等以"历纪废坏，宜改正朔"为由，正式奏请改革历法。汉武帝批准了司马迁等的建议，拉开了大汉帝国正朔改历的序幕。促使汉武帝改朔颁历的另一个原因是，根据当时天文学家的测算，元封七年十一月甲子夜半适逢合朔和交冬至，被认为是历元的理想时刻，即"年名'焉逢摄提格'，月名'毕聚'，日得甲子，夜半朔旦冬至"。这对追求文化大一统，废黜百家、独尊儒术，相信君权神授，好神仙之道的汉武帝来说，无疑是一件极其神圣的大事，也是皇帝和官民皆向往的事情。

太初元年这一年非常特殊，从冬十月开始，到第二个十二月结束，共有15个月之多。为了搞好这次历法改革，汉武帝不仅在朝廷组建了一个由中大夫公孙卿、壶遂、太史令司马迁、侍郎尊、大典星射姓等官员组成的领导班子，而且在全国征募到了20多人参与改历工作，落下闳便参与了征诏，从事改历工作。经过落下闳等人的艰苦努力，汉武帝给司马迁下诏，让他使用邓平和落下闳所造的"八十一分历"，并诏太初元年"十一月甲子朔旦冬至，天历始改"，改元封七年为太初元年。这就是著名的《太初历》，后世称这次改历为太初改历。

第二节　落下闳对《太初历》的主要贡献

太初改历是西汉历法改革中最重要的改历活动，也是中国传统历法改革中具有划时代意义的一次改革。其中，落下闳主要做出了以下贡献：

1. 天人合一，构建了科学的历法系统

历法是为实现人与自然相和谐（俗称天人合一）的一种时空秩序系统。为了实现这一目的，人们通过治历和改历来不断进行探索。早在新石器时代，人们就已学会根据北斗斗柄的指向和二十八宿及四象星辰的斗转星移来确定季节，形成了以"北斗"和"龙星"等斗转星移的变化规律来规划时空的方法。

《史记·天官书》认为北斗星犹如天帝之车，"运于中央，临制四乡，建四时，均五行，移节度，定诸纪，皆系于斗"。仰望星空，北斗与四围星象如栓系一般，构成天然的宇宙时钟，置放于浩瀚星空，成为人们确定一年四季最基本的历法标准和时间标准。战国《鹖冠子·环流》则通俗地将其概括为"斗柄东指，天下皆春；斗柄南指，天下皆夏；斗柄西指，天下皆秋；斗柄北指，天下皆冬"。北斗建时促进了人们对整个天宇时空系统的探索，对后世中国天文及人文的发展都有重要影响。古代的指南车、罗盘，其天盘的中央就绘有北斗，表现了北斗围绕北极星旋转建时行气，这也成为罗盘罗经的雏形。记录时间的

传统单位一载两载的"载",便源于人们对北斗星斗转星移的古老认识。"载"即"帝车",古代将车称为"斗车",其源在此。北斗建时,也渐渐促进了三垣四象二十八宿天宇时空观的形成。对日月五星及二十八宿的观察测算,也就成了中国传统天文历法的基本内容。《太初历》的最大贡献就是第一次全面系统地构建起了一个可以准确测算的天宇时空系统。

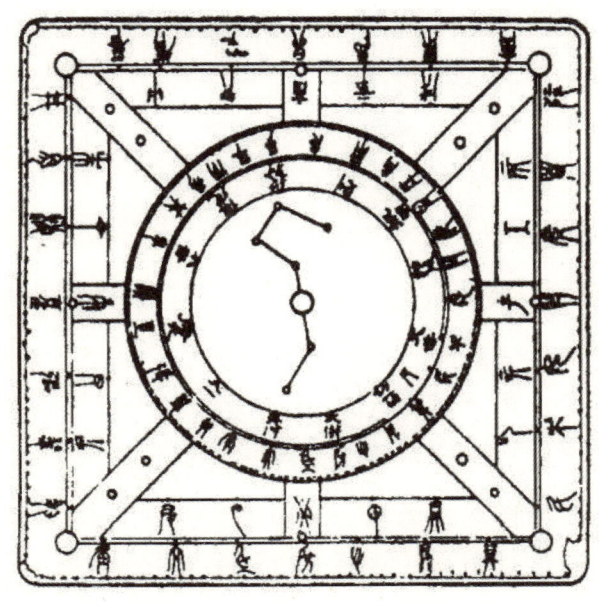

汉代出土的太乙式盘,中为北斗星

《太初历》则在落下闳的运算转历工作中,形成了一个多维度、复杂的具有类似现代系统论原理的"大数据"特征的天文历法系统——落下闳系统。四川省社会科学院研究员查有梁先生在《世界杰出天文学家落下闳》一书中指出:"无论从天文、数学,还是从历法、气象看,落下闳的贡献都是杰出的。我们把《太初历》(《三统历》)、浑天仪、二十四节气、二十八宿等所包括的天文系统,简称'落下闳系统'。"

以《太初历》为代表的落下闳系统,是上古以来天文历算的集大成者,它以历同律、历合律为基本特点,建构了以历法为载体的天人合一宇宙图式,实现了天地人、自然节律与社会生产生活及人伦秩序的和合和谐发展。

秦汉帝国是我国继周朝天下一统以来的第二次大一统,并将周代分封制演变为中央集权的帝国制,"大一统"成为秦汉帝国的基本特点,但只有实现了历法的大一统,才能从文化、思想、制度诸方面建立一个整体的、真正的大一统图式。《太初历》以"正月为岁首",以无中气月置闰,将二十四节气纳入历法系统,以及135个朔望月的交食周期及落下闳对五星周期二十八宿的观测运算和上元积年系统的运算,构建了一个宏大的、科学的、天人合一的天宇时空系统,使《太初历》具有了大一统的特质,成为汉历之宗,成为后世历法的范本和楷模,为2000多年来天人合一的文化传统提供了历法制度保障,对汉以来中国文化制度和民族文化心理产生了极为深远的影响。

2. 以律起历,确立了平均朔望月的日法规则

以律起历是《太初历》的又一特点。以律起历,追求律历合一,是中国古代历法的重要传统。它源于律管候气的古老传说。古人认为黄钟律吕乃万事根本,是一切典章制度的源头。传说黄帝曾吹九寸之管得黄钟"正声,半之为清声,倍之为缓

声，三分损益之以生十二律"，又传说黄帝曾命伶州鸠作律，确定黄钟律吕的标准，律吕候气则成为以气定时的历法标准。考古表明，贾湖遗址出土的用丹顶鹤腿骨做的骨笛就是用于候气的，可知8000年前我们的祖先便已以律候气、以律作历。古人候气，"听律吹声"，以风吹的声音大小及律动声波来确定气的性质，律成了定气制度立法的标准。制度之基础在于统一时间秩序，所以不同之律必须适合不同的时气，以求天地之中声，也即和声。汉字中的"中"和"和"字便体现了这一原始信息，汉字中的"🨁"（中）不仅表示方位天中地中和时间的时中，更表示风气之"中"。人们根据风吹动旌旗的声响和振动的幅度来确定"中声"（中和之声）。作为谐调之意的"和"字，其繁体字一作"龢"，所体现的就是类似律管排箫乐器所发出的中和之声。传说女娲作笙簧，笙簧乃中和之音，以喻天地和气，以示风调雨顺。人们认为天地之气合以生风，天地之风气正，十二律才能确定，并以十二律匹配十二月，以表示一年四季十二月阴阳之气的变化。也正是这样，"中和正声"成为落下闳以律起历的文化理论依据。《史记》中有专门的《律书》，阐释十二律与气及十二月之气的关系，同时又以八节之气应八方之风，配以二十八宿，构建了一个五行八正之气的完整的律历体系。落下闳在推步《太初历》的过程中秉承了这一传统，以"律容一龠，积八十一寸，则一日之分"定气法进行调律，即将一平均朔望月的日数定为 $29\frac{43}{81}$ 日，以取九九八十一的九九自乘数。由于分母为81，故《太初历》又称八十一分历，以获得科学的历数，其法与邓平所提出的历法相同，被称为"闳平法"。同时，《太初历》以平均朔望月的 $29\frac{43}{81}$ 日区别于传统的一年 $365\frac{1}{4}$ 日的四分历（因分母为4，故称四分历）的日法标准。

太初颁历图（陈文大 作）

3. 行夏正，以正月为岁首

颛顼历规定政治年度以冬十月为岁首，每年的第一季度，即十月、十一月、十二月是冬季，它们分别是孟冬、仲冬、季冬之月，这与春耕、夏种、秋收、冬藏的农事季节安排很不相适应。每年新年元旦总是在秋种秋收后的大忙时节，极不利于农业生产和社会生活。《太初历》便改颛顼历十月岁首制，采用夏正，以正月为岁首，不仅使历法与春种秋收夏忙冬闲四时农业节奏合拍，而且又彰显了历法承启华夏古历的正统合法的政治及文化义涵。春秋战国以来，华夷之辨成为族群认同的重要

"血缘纽带"，战国之时，秦楚便因不是华夏正宗而被中原族群称为戎狄南蛮。《太初历》采用夏正，表现了汉朝承续华夏文化血脉的文化诉求。

《太初历》以正月为岁首，平年12个月，闰年13个月，月大30日，月小29日，取$29\frac{43}{81}$日为一朔望月。落下闳、邓平三张采用八十一分历，其主要原因是"81"的"九九归一"的数理法则契合黄钟律数。黄钟律数和黄帝造钟律之制不但历来在中国文化中具有神秘、神圣的文化意义，而且在古代宗法文化中是法统正宗的代表。《周髀算经》中就记载了中国古代源于远古的"圆出于方，方出于矩，矩出于九九八一"的说法，合乎汉武帝好神仙及秦汉帝国在国家大一统发展上所追求的"九九归一，天人合一"、四海一统的政治文化愿景。八十一分历在天文学上有失客观，但却换得了历法的神秘性、神圣性及正统性，重要的是在数字上契合了中国传统"九九归一"的天数宿命观念，与当时数术盛行之风气相关，使《太初历》获得了更好的舆论效果和文化心理基础。

《太初历》这种对神秘文化及正统性的追求，在其改历之初就已彰显。以元封七年十一月甲子朔日冬至时间为新历元点，就源于对神秘文化的追求；将元封七年更名为"太初元年"，本身就带有对汉朝万寿无疆的期盼义涵，类同秦始皇自称始皇、二世三世代代相承的迷信追求；推出"上元太初元年"，更是将《太初历》包装为与天地合其德，与万物合其序，符合君权天授的文化心理。

4. 科学置闰，将二十四节气纳入历法

为了使历法精密，《太初历》仍沿用战国以来十九年七闰的置闰法，平年12个月，闰年13个月。同时，《太初历》将形成于战国的二十四节气正式纳入历法，并将置闰与节气进行科学编排，规定以无中气之月为闰月，将二十四节气中位于奇数的节气称为中气；凡阴历中没有遇到中气的，其后应补一月为闰月，月名与上月同，克服了年终闰月问题，更利于王朝政事和指导农业生产。这种方法比以前的置闰方法更为科学合理。

具体做法如下：

把一个回归年中的二十四节气从冬至开始排序，单数序列的十二节气——冬至、大寒、雨水、春分、谷雨、小满、夏至、大暑、处暑、秋分、霜降、小雪叫"中气"；双数序列的十二气——小寒、立春、惊蛰、清明、立夏、芒种、小暑、立秋、白露、寒露、立冬、大雪叫"节气"。将立春、立夏、立秋、立冬四节气安排在四时（季）开头；春分、夏至、秋分、冬至四中气则安排在四季中间的二月、五月、八月、十一月。将余下的八个节气安排在各月上半月或下半月；将余下的八个中气安排在正月、三月、四月、六月、七月、九月、十月、十二月。一旦出现闰年，则"朔不得中是为闰月"——将无中气的月份置为闰月。这种编排既保留了太阳历四季分明的特点，也照顾了太阴历月亮朔望的特点——阴阳合历，更准确地反映了一年中

季节、天象、物候的变化规律。

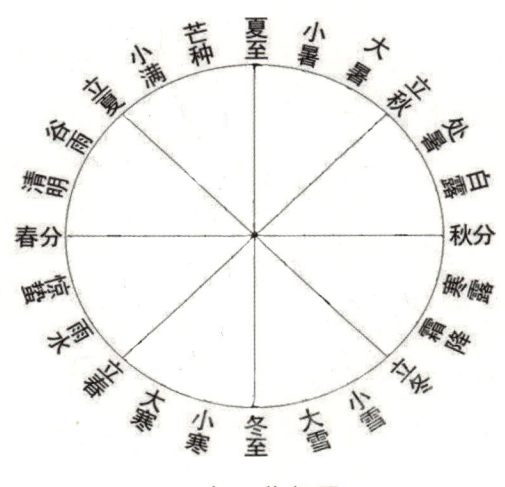

二十四节气图

5. 重视观测，科学历算

《太初历》之所以成为汉历之祖、百历之宗，成为中国历法的典范，就在于它是建立在落下闳浑天说这一新的宇宙观天体论基础之上，并通过科学的观测和历算才获取成功的。

为制历需要，落下闳亲自发明制造了一套符合他的浑天说宇宙观的观测仪器，即浑仪和浑象，进行天文观测，获得科学的数据。落下闳将浑仪和浑象置于灵台，建立浑天地平历观测系统进行地中转浑天，对天文数据和系统进行整理和观测校验。落下闳在中国天文学史上第一次测算出了135个月的日食周期，认为135个朔望月有11.5个食季，即在135个朔望月中，太阳通过黄白交点23次，可知1日食年等于346.66日，比现代测量值稍多0.04日，循此规律可预报日月食。此外，落下闳还测定了二十八宿赤道距度（赤径差）。该数据一直沿用到唐开元十三年（公元725年），才被僧一行重新测定的值所取代。

落下闳等在太初改历中，对五大行星连续两次和太阳相会合的周期的测算也非常精确，和现代所测算的数值非常接近。

五大行星会合周期古今对照表

行星名	《太初历》所测值（日）	现代所测值（日）	比今日测值数大（日）
金星	584.13	583.92	0.21
水星	115.91	115.88	0.03
木星	398.71	398	0.17
火星	780.53	779.94	0.59
土星	377.94	378.09	0.15

2000多年前，落下闳等对五大行星会合周期的测算已经如此精准，这是世界科技史上罕见的奇迹。

落下闳在太初改历中不仅测算出了精准的行星会合周期，还对"上元积年"工程进行了运算。古人历法将夜半作为一天的开始，将日月交会的朔旦之日作为阴历初一，也为一月之始，并将冬至作为一年之始，甲子日则是殷周以来干支纪日周期的开始。制定历法，就需规定出一个起算的时间点，这个时间点便被称为"历元"或"上元"。古人设想治历，若能寻找到一个既是甲子日，夜半时刻又正好是交冬至节和合朔的时刻，便是一个理想的"历元"。从"历元"到编历年所积累的时间叫"上元积年"。确定了"上元积年",就可根据太阳及二十八宿中有关恒星的回归年、朔望月交会周期等推算出任何一年冬至节气和每个月朔旦的日名,从而进行科学的置闰。同时也可以推算出任何年月日所呈现的天象。然而要寻找到这样一个"上元积年"不仅是一个复杂的大数据系统,而且直接关系到所用历算方法是否科学。在《太初历》以前,传统天文以盖天说为理论指导,以圭表测度的周髀之术是基本方法。由于盖天说和周髀之术自身的局限性,所以根本不可能解决这一复杂的问题,故在太初改革之中出现了"不能为算"的难题。落下闳参与治历后,他以浑天说为理论指导营造的浑天仪不仅提高了观测的效度,而且为各种天文数据的推算提供了方便。尤其是他用来自古蜀地区古老的大衍求一的剩余定理,以求解一次同余式(俗称"通其率")的方法,对于庞杂的天体运行周期采用连分数辗转相除求近似值的方法,寻找各天体运行周期的最小公倍数,解决了"上元积年"及太初改历中"不能为算"的难题。

根据当时的改历背景和情况,落下闳的大量天文观测数据应与他在家乡阆中的乡学传承和经验有关,不然,短短的"太初改历"期间不可能获得如此海量的观测数据,因为阆中本身就具有古老的灵台和厚重的天文传统。

第三章
落下闳与浑天说

　　遂古之初，谁传道之。上下未形，何由考之。……
　　圜则九重，孰营度之？

　　2000多年前，大诗人屈原仰望苍穹，向我们所栖居的星球上方名为"天"的世界，发出了惊世之问。

　　数千年来，围绕天地关系和天体奥秘，无数先辈进行了不断的求索，产生了许许多多的奇思妙想。如盘古开天辟地、女娲补天、精卫填海、夸父逐日、嫦娥奔月、共工怒触不周山、俊生日月等神奇美丽的传说。经过不断的科学思考与探索，逐渐形成了宇宙圈层说、元气宇宙说、水本原说以及以盖天说、宣夜说和浑天说为代表的天地结构学说。其中，与历法紧密相关的有盖天说、浑天说和宣夜说。宣夜说认为天是虚空的、无边无界，日月星辰及地球只是悬浮其中。这种理论虽正确地反映了宇宙的无限，与现代宇宙理论接近，但缺乏数学基础，近乎思辨，故宣夜说至迟在东汉时期已成绝学。中国古代关于天地结构的探索，主要集中在盖天说和浑天说两大学说上。

第一节　落下闳倡导浑天说

　　盖天说是中国各种宇宙理论中起源最早的一种，它的基本观点是"天圆地方"，认为天若圆盖罩在方形的大地上。人们常常将它的形成上溯到传说中的伏羲时代。现有的材料证明至迟在公元前 4000 年的新石器时代中期，盖天说已产生并形成了较为完善的理论，并被后世一代代传承下来。其理论后来被保存在一部名为《周髀算经》的著作中。"周"是周天，"髀"是表股，周为规，表股为矩，"周髀"的意思是方圆。它用来描述宇宙的基本模式便是天圆地方。

《周髀算经》中之盖天说示意图

　　《周髀算经》中记载了古代流传最广的天文测量算法——"勾股定理"的故事。故事的大意是：西周初著名的政治家周公问商高（周朝精通天文数学的大夫），古时伏羲通过测天来确定季节；可是天高没有台阶可攀登，大地广阔非尺寸能丈量，那么天文数据是怎么获得的？商高回答说通过"矩"这一测量工具获得。"矩"类似于今天的曲尺，是古代画方形的工具。人们用矩画出直角三角形，运用勾股定理来测算，即"折矩以为勾，广三，股修四，径隅五"（勾三股四弦五），并认为夏朝开国帝大禹之所以治天下，乃"此数之所生也"。这段话不仅讲了直角三角形三个边的数量关系，而且涉及中国传统数学中形与数相结合的特点及开平方等算法，是我国古代极为重要的数学成果，也是中国古代"立竿见影"进行天文测量的重要方法。天圆地方是一个笼统的说法，仔细分析盖天说的实质，其中包含着若干不同的内容。这些内容反映了盖天说不断演进的历史。源于上古卜筮、形成于战国的《易·说卦》记载了"乾为天，为圆""坤为地，为大舆"，认为天是半圆形的，地像平整方正大车厢。战国宋玉也有"方地为舆，圆天为盖"的"天圆地方说"。唐代李淳风在其所撰写的《晋书·天文志》和《隋书·天文志》中，则更进一步将其概括为"天圆如张盖，地方如棋局"，并指出天旁转如推磨而右行，日月右行，随天左转，故日月实东行，而天牵之以西没。犹蚂蚁走在磨石之上，磨左旋而蚂蚁右行，磨运转得快而蚂蚁行走得迟缓。所以蚂蚁不得不随磨石转动而从左边回转。盖天说作为一种学说，阐述的基本是天地结构关系以及日月星辰运行规律与地球的关系。盖天说建立在对日月星辰直观的视运动观测基础上，基本形成了天为上、地为下的天地观，并认为日月星辰特别是太阳依附在天盖上随天体旋转，并不转入地下，转远了就看不见太阳，就是黑夜；转近了就看得见太阳，就是白昼，而照不到的地方就是黑夜。天地各处都处于这种昼夜更替中。北朝民歌《敕勒歌》中"敕勒川，阴山下，天似穹庐，笼盖四野"则形象说明了夜观星象，仰望星空，天如张盖穹庐、地如四方之野的天地景象。

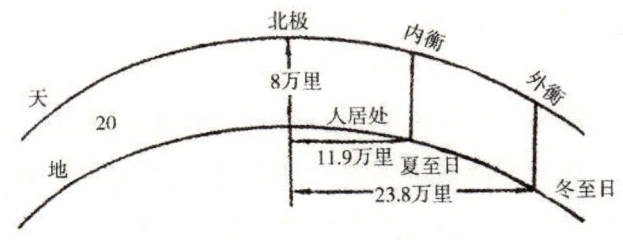

盖天说的天地关系

公元5世纪时，天文学家祖暅在他的《天文录》中将盖天说概括为三种：一是天像车上的华盖一样在八极间运转；二是认为天像斗笠，中央隆起而四周向下倾斜；三是天像车上倾斜放置的华盖，南边高，北边低。

盖天说通常分为两种：第一种盖天说认为天像半球形的大罩子，扣在方形平坦的大地上，即"天圆如张盖，地方如棋局"。这种由天地视运动观测经验获得的认识能很直观地让人接受，但有明显的缺陷，即假说天和地真是天圆地方的，那半圆形的天盖又如何罩住方形大地的四角呢？故这一理论所建构的盖天说宇宙模式受到了挑战。后来盖天说不断改进，发展成了第二种盖天说，即天像伞盖，而地则像倒扣的盘子，天和地都是中央隆起而四周低下，并根据圭表测影的结果，利用勾股定理推算出，夏至日时没有表影处离地球北极有 23.8 万里[①]，冬至日时没有表影处离地球北极有 23.8 万里，天地之间的距离为 8 万里。同时天地的中央比四周高出 6 万里，其实这里的 8 万里、6 万里两个数字乃是八尺之表和六尺表影的放大。盖天说这种由平直大地向拱形大地的转变是一种认识上的进步，它为后来浑天说理论的产生创造了条件。盖天说对早期天文学及天文历法有着重要影响，中国古代的礼天仪式及天地关系的建构主要是受盖天说的影响而形成的。如盖天说的七衡六间图及盖图就是中国古人进行天文观测、确立日月星辰运行位置及历法节气节点的重要依据。

北京天坛祈年殿

---

① 1 里 =500 米。

盖天说对中国人文传统的影响也是巨大的。古代的宫殿、庙宇、明堂、祭坛、陵墓等也多遵循盖天说"天圆地方"的理念进行规划、设计和营造，如北京天坛等，其主体建筑就体现了天圆地方的宇宙观。

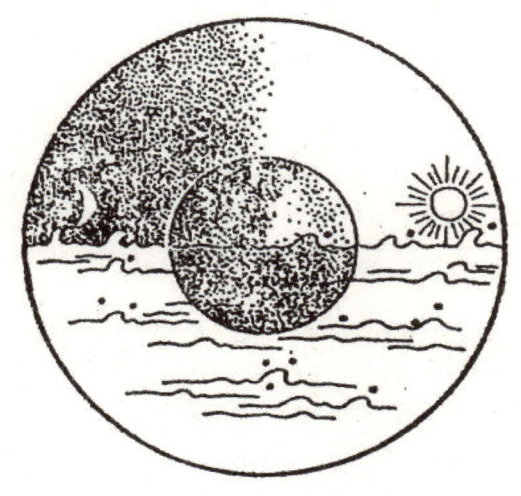

东汉张衡对浑天说的描绘

浑天说是中国古代最重要的关于天地结构的学说。浑天说的历史到底悠久到什么程度，目前还难以确定。一般认为浑天说的一些要素的出现，可以追溯到战国时期。西汉至东汉前期，浑天说逐渐形成，在与盖天说的大讨论中得以发展。从史料来看，西汉的落下闳是浑天说最早的代表人物，由他首倡浑天说，并发明了基于浑天说理论运用于天文观测的浑仪与浑象（合称"浑天仪"）。浑仪主要用于天象观测，浑象则类似于现代的天球模型，主要进行天球演示。比落下闳稍晚的巴蜀籍（今四川）

著名天文学家、哲学家、文学家扬雄（公元前53—公元18年）在《法言·重黎》中论及浑天说与盖天说时指出："或问浑天，曰：落下闳营之，鲜于妄人度之，耿中丞象之。"浑天说和浑天仪当出自落下闳，这也是落下闳倡导浑天说、发明浑天仪的有力的史证材料。但对浑天说思想最全面的描述则出自东汉著名天文学家张衡所撰的《浑天仪注》，其文为：

> 浑天如鸡子，天体圆如弹丸，地如鸡子中黄，孤居于天内，天大而地小。天表里有水，天之包地，犹壳之裹黄。天地各乘气而立，载水而浮。周天三百六十五度又四分度之一，又中分之，则半一百八十二度八分度之五覆地上，一百八十二度八分度之五绕地下。故二十八宿半见半隐。其两端谓之南北极。北极乃天之中也，在正北出地上三十六度。然则北极上规径七十二度，常见不隐。南极天之中也，在正南入地三十六度。南极下规七十二度，常伏不见。两极相去一百八十二度半强。天转如车毂之运也，周旋无端，其形浑浑，故曰浑天。

这段文字承落下闳浑天说，记录了不同于盖天说的一个新型的宇宙模式——天球宇宙模式。浑天家认为，宇宙就是一个天球，天球像一个巨型的鸡蛋，而且圆得像弹丸一样，地球像蛋黄，独处其内，天大而地小，天的表层像液态的蛋清一样有水汽，包裹着地，如同蛋壳包裹着蛋黄，天和地靠气支托着，浮在水汽上面。天的周天大圆为 $365\frac{1}{4}$ 度，其中一半为 $182\frac{5}{8}$ 度，在地的上面，另一半在地的下面，故二十八星宿半隐半见地出现在人们的视觉中。天球相对于地球是倾斜的，天球两端为南极和北极。以北极为中心直径为 72 度的圆周内，所有恒星都可以看到；相反，围绕南极的同样大的圆周内的恒星则永远不可能看到。天球绕着两极的轴线运转，就如同车轮转动一样不停旋转，其形态浑浑然，所以称为浑天也。

张衡对浑天说的概括与总结，标志着浑天说的发展进入了一个崭新的时期。浑天说又依托于张衡在天文史上的卓越地位，最终成为西汉以来居于主导地位的天体学理论。

浑天说以"天地如鸡子"的蛋黄与蛋壳之喻来描述天地关系，使人得出了天和地是两个大小不同的球形的印象。但浑天说并不是像古希腊天地学中以地球为中心的宇宙学说，而是以蛋黄与蛋壳的关系来言说天地结构。"天地如鸡子"所表述的是天球中包含着地球，正如蛋黄只是蛋的一部分。"浑天"就是一"浑蛋"。浑天说是一个注重强调整体性的宇宙学说，浑天说宇宙结构观与中国巴蜀荆楚所代表的南方文化系统的宇宙卵生文化观及朴素的混沌宇宙观紧密相关。落下闳是来自巴郡阆中的巴夷人，而巴夷是长期居于水滨从事狩猎养殖的农耕族群，被称为"孳凫"，对"鸟兽孳尾"的生殖现象有深刻的认识，并形成了以交龙图腾为特征的阴阳二元生殖文化，流行卵生神话，认为天地万物由卵化生，龙蛇出于卵，鸡鸭出于卵，卵成为天地之母、万物之母。老子哲学的混沌观、道本观及朴、阴阳等观念皆源于这种原始混沌的生殖文化观。盘古神话所讲的"天地混沌如鸡子，盘古生其中，万八千岁，天地开辟，阳清为天，阴浊为地"的盘古为混沌所化的乾坤阴阳二元宇宙结构观，实质就是浑天观念的神话表述。春秋战国以老子、庄子为代表的道家学派所主张的道生万物，以及道之喻象的"朴""葫芦""天地根""万物母"之类的表述与"天地混沌如鸡子，盘古生其中"的盘古神话文化及其思想一脉相承，互为表里。而这种文化思想来源于古代南方文明，特别是西南少数民族，在古巴人、土家族、彝族、苗族中都曾广泛流传过盘古开天辟地的神话，如彝族阿细支系的《创世纪》中的"最古的时候，不分天和地，天和地不分，混沌如鸡子，到了盘古时，天造出来了"。民俗学和文化人类学研究成果已表明盘古即槃瓠，槃瓠与伏羲神话是同一人格化了的神话，它们皆是西南少数民族的始祖神话。盘古神话的"天地混沌如鸡子，盘古生其中"的宇宙生化观与落下闳的浑天说及张衡的"天如鸡子，地如蛋中黄，孤居于内"，之意象及思想是一脉相承的。可以说，盘古神话就是神话版的浑天说，正如道家的"道""朴""混沌"就是哲学版的浑天说一样，它们构成秦汉以来中国宇宙思想的主流意识，对中国传统意识形态有着重要影响，对近现代哲学及宇宙论也有着深刻启迪，如现代混沌理论是从系统论原理对混沌无序中的有序的更高级的探索。其实屈原《天问》"圜则九重，孰营度之"的惊天之问中的"圜则九重"已有"九重圜天"的"天球"意象。

"圜"历来是天体天宇的意象，圜丘则是上古祭坛的基本规制和形式。"圜丘"虽是半球形的，位居方形土坛之上，更多体现的是"天圆地方"的盖天宇宙观，但圜丘本身已一脚迈入浑天球形天体的门槛。

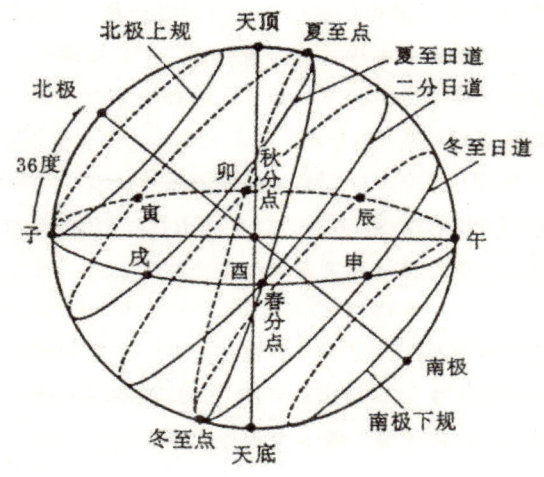

浑天说天球模型

浑天说最大的理论贡献，就是将盖天说的"天圆地方"天地结构关系转变为两个球体"天球与地球"的关系。特别是在对大地的认识上，方形大地已变成球形体。这更接近于地球的真实形状，人们在对天地关系及形状的认识上更接近现代宇宙天体学说。

同时，浑天说借助浑天仪演示各种天象，能让人们获得更直观的天地实际景象，更利于科学的天文测量。浑天说所建构的天球模型能让人们更直观精确地把握太阳黄经周期和二十八宿等日月星辰运动变化的规律，让历法获得更科学的依据。如源于落下闳浑象的天球模型所表示的天球上垂直于极轴的有 5 个大圆，其中最北和最南的 2 个圆为恒显圈和恒隐圈。恒显圈中的星象终年在地平线以上，而恒隐圈中的星象却总在地平线之下。中间的大圆为天赤道，也就是春分和秋分的太阳的运行轨迹。此时日出正东方卯位，没于正西方酉位，且昼夜长度相等。天赤道以北的大圆为夏至时日行轨迹。此时日出东北寅位，没于西北戌位，昼长而夜短。天赤道以南的大圆为冬至时日行轨迹。此时日出东南辰位，没于西南申位，昼短而夜长。这些演示比盖天说更直观。按照浑天说的解释，太阳在夜晚必须从地下的水中回到原来的位置，这样才能在第二天早晨重新在东方升起。这个假设显然不很完备。正因如此，盖天说和浑天说两个学派曾进行过长期而激烈的争论，最著名的莫过于扬雄所挑起的浑天与盖天的大论战。争论的焦点是太阳在天空运转是否出于地下的问题。

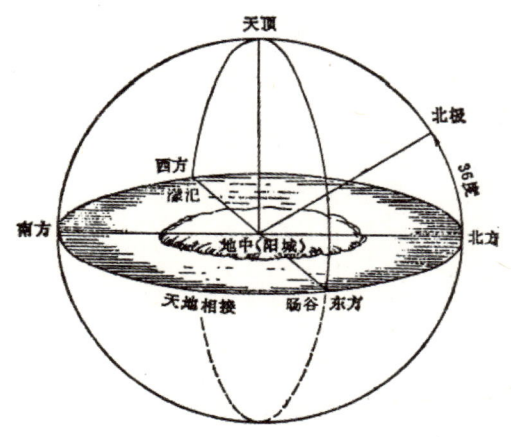

落下闳浑天说示意图

扬雄，字子云，祖籍郫（今成都市郫都区），汉代著名哲学家、天文学家、文学家，其所撰《太玄》《法言》是中国古代重要的哲学著作。《太玄》就是他模仿《周易》和落下闳所创《太初历》而完成的对天体结构的新宇宙论的哲学探索。《太玄》是对《太初历》的哲学升华，他在书中从哲学角度提出了天体演变及运行规律是可知的，并对天地关系、天人关系做了新的解释，并撰写了《难盖天说八事》来阐述他坚持浑天说的立场，对当时起着统治作用的盖天说理论发起了挑战，对浑天说理论的传播起到了重要的推动作用。其实，据史料记载，扬雄早年是主张盖天说的，他的哲学思想的转变是在他与他的好友——著名学者桓谭就浑天说与盖天说理论进行论辩后发生的。

桓谭（约公元前23—公元50年），字君山，沛国相（今安徽省宿县）人。桓谭博学多才，在天文学方面有很深的造诣，曾担任过宫廷掌管漏刻计时的郎官。漏壶计时是灵台观星历象的重要组成部分。它需要通过浑天仪对晷表日影的长度和夜晚星辰行度进行观测校验。因此，桓谭对落下闳的浑天说和浑仪系统有深入的理解，同时他对《周髀算经》和盖天说中的不合理性和局限性也有深入的了解，故在天文学上赞成浑天说。

他与扬雄经常讨论有关天文与哲学方面的问题。桓谭借春分、秋分日太阳西行日光转移现象对扬雄说，如按盖天说理论，太阳是绕北极旋转，北极在人的北面，太阳运行轨迹也应偏人之北。太阳行道一周，人所能见到的太阳的时间则应短于看不见太阳的时间,也就是夜长于昼,这与实际情况不相合。对此,用盖天说无法解释。有一次桓谭与扬雄坐在白虎殿廊下等候皇帝召见。由于天寒,他们背日晒太阳。过了一会儿,太阳从他们两人身上转移过去。桓谭趁机对扬雄说,如果说太阳像盖天说坚持的不转入地下,阳光就应沿着廊道而慢慢地向东移动,但太阳光却转向上消失了,这不正好证明浑天说提出的球形天体说法是正确的吗?于是扬雄终于转变立场,成为浑天说的坚定捍卫者。他以"八难"的方式,对盖天说进行了系列批判。《隋书·天文志》说"扬雄难盖天八事,以通浑天"。扬雄八难盖天,在当时对盖天说是一次重大打击。浑天说的球形天体说比盖天说更接近真实的宇宙,但初期浑天家所说的天表里有水、太阳夜晚转入地下之水的观念受到了王充等人的质疑。后来浑天说理论得到不断的完善和修正。后世陆绩、葛洪、何承天、刘焯、李淳风、朱熹等都对浑天说进行过改造与修正,但始终未离落下闳"浑天"之本义。

第二节　浑仪浑象与天文观测

根据史籍记载,落下闳不仅首倡浑天说,而且在天文测量上贡献卓越,研制出了我国首台浑天仪。

天文观测是天文学发展的重要实证基础,在汉代以前,我国天文测量主要是采用以圭表测影的周髀之术。

圭表是古人用肉眼观测天象,借助工具和仪器确定天体位置所使用的最原始的设备,但它也是经历了两三千年,被人们长期使用且能获得相当精确的数据,在天文学史上起着重要作用的天体测量仪。传说尧舜禹时期就用圭表测日,到周代圭表已普遍运用于天文观测,在元朝时圭表发展到最高水平。《周礼》和《考工记》等文献曾对周代用圭表测日有过详细的记载。《周礼注疏》载,大司徒"以土圭之法测土深、正日景,以求地中。日南则景短,多暑。日北则景长,多寒。日东则景夕,多风。日西则朝,多阴。日至之景,尺有五寸,谓之地中。天地之所合也,四时之所交也,风雨之所会也,阴阳之和也"。

这段文字记载了周人于洛邑(今河南省洛阳市)用圭表于两至日测日影寻中土求地中的情况,并对圭表测日进行夸张与神话,体现了一种神秘文化色彩。

《周礼·考工记》载:"匠人营国,水地以悬,置槷以悬,眡以景。为规,识日出之景与日入之景。昼参诸日中之景夜考之极星,以正朝夕。"

这段文字记载了古代工匠修筑城池,不仅以原始的槷表(圭表)辨方正位,测出日出日入的影长,而且还通过夜观北极星位置来辨方正位。

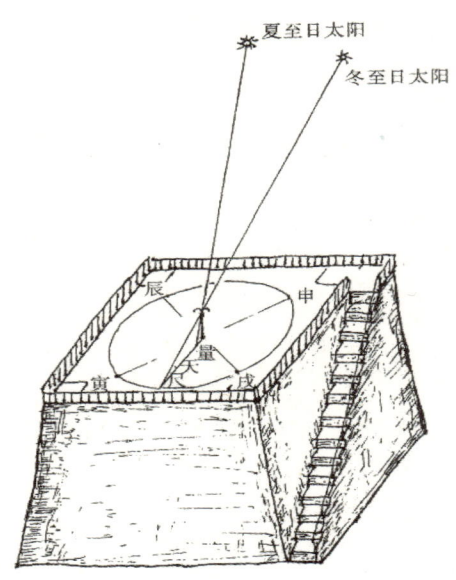

商周观星台的地平日晷复原图

《周髀算经》将这种方法记载为："以日始出立表，而识其晷，日入复识其晷，晷之两端相直者，正东西也。中折之指表者，正南北也。"

这种方法具体为：先用一根绳子悬挂一个重物作为准绳，同时把地面整理水平，并将表垂直立于地面上，然后以表为圆心画出一个圆圈，并将日出与日落的表影圆圈相关的两点记录下来，连接两点的直线就是正东方向，而直线的中心与表的连线方向则是正南北方向。为了保证方向的准确，还要参考白天正午时的表影方向和夜晚北极星的方向。

圭表一般为直立标杆，其最初形式为木杆或石柱。材料不同，名称也不相同。它由两个基本结构组成，直立于水平地面的杆称为"表"；另一根水平安放、用于度量天体（主要是太阳）投影长度的量尺称为"圭"。圭表主要用于测定方向、测定回归年长度、测定时刻，利用两条表影测黄赤交角、测北极星上下中天的刻度和定地中。圭表观测起源很早，最初源于生活经验，如古人确定时间也曾有"以身为景"（"景"通"影"）的方法——"射日"，即以人自身在太阳下的投影来判断时间。周髀之"髀"就源于原始的"骨表"（人体腿骨）。秦汉时，圭表观测向精细化发展，人们在圭表的基础上发明了日晷。西汉时，为适应浑天说理论的需要，落下闳造出了浑仪和浑象。浑仪主要用于天球观测，浑象则是演示天球的周天旋转。天球仪和浑象仪统称"浑天仪"。浑天仪由多个相应于天球上坐标圆圈的环套叠构而成，即由多个同心圆环组成的天文观测仪，整体上看像是圈在一个圆球里，又称圆仪或天球仪器。浑象则是一个真正的圆球，球上面标出全天可见的恒星、地平圈、黄道圈和赤道圈等。作为演示仪器，球面可以绕南北极的东轴旋转，还有标有日月五星的活动标志，可以移动位置以模拟实际天象，相当于现代的天球仪。浑仪和浑象是浑天说理论"物化"了的物理模型。

扬雄在《法言·重黎》中最早记载了落下闳的浑天仪在西汉天文观测中的使用情况："或问浑天，曰落下闳营之，鲜于妄人度之，耿中丞象之，几乎莫之能违也。"

这段话记载了扬雄向汉代宫廷从事传天文的耆老请教有关落下闳浑天说的情况。耆老对扬雄说，浑天仪是落下闳根据他的浑天说宇宙论原理设计制造的。到汉昭帝时，天文学家鲜于妄人进行了计算和刻度,曾检验过落下闳浑天仪测量的准确性。到汉宣帝时,大司农耿寿昌又依据落下闳的浑天浑仪原理铸成过浑仪进行实验观测与校正校验,其结果与落下闳所观测的基本一致。《晋书·天文志》也曾说:"汉太初,落下闳、鲜于妄人、耿寿昌等造圆仪以考历度。"《益部耆旧传》则更明确地说道:"落下闳,字长公,明晓天文,隐于落下。武帝征待诏太史。于地中转浑天,废《颛顼历》,作《太初历》。""于地中转浑天",是指将浑天仪设置在灵台上(灵台即地中),转动浑仪进行观测。这说明落下闳是通过研制浑天仪,采用天文观测实证方式参与太初改历的,《史记》所载"巴落下闳运算转历",意思也就是落下闳通过浑仪在灵台观星,不断修正数据,从而形成了《太初历》。也许正是落下闳"于地中转浑天",才使《太初历》获得了强大的科学实证数据,使《太初历》最终优于其他17种历法而被汉武帝采用,成为当时世界上最先进的历法。

　　落下闳制浑仪和"于地中转浑天",是中国科技史上的重大历史事件,受到历代重视。汉代以降,浑天仪成为历朝历代进行天文观测的"大国重器",并进行过不断的改进和完善。历史上最有名的就是东汉张衡的浑天仪和唐代贞观初年(公元630年)李淳风制作的浑天仪。特别是唐代的李淳风亲至落下闳故乡阆中参验天文,考证落下闳系统,作《晋书·天文志》《隋书·天文志》,研制《麟德历》,作《己巳占》,改进浑天仪,并统一了浑天仪的名称及制作工艺流程。他所制浑天仪成为后世蓝本,现中科院紫金山天文台陈列的明代仿元代的浑天仪,就是根据李淳风的浑天仪改制的。

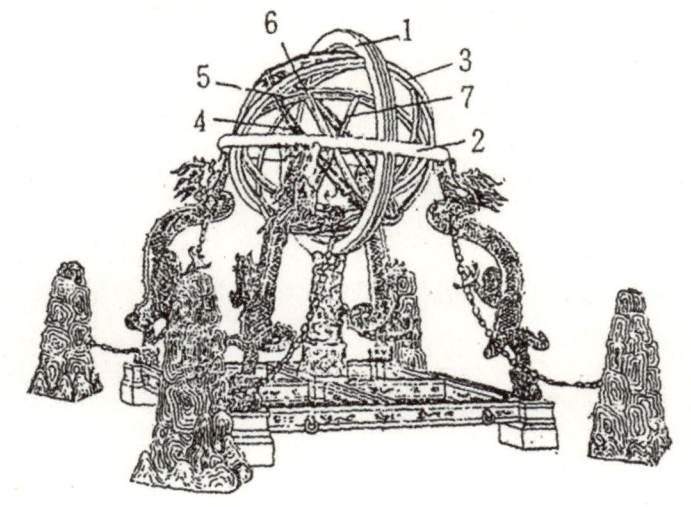

明代制造的浑天仪

1. 四游仪　2. 天轴　3. 北天极　4. 天元子午圈
5. 天常示道圈　6. 窥管　7. 地平圈

据《中国全史·秦汉科技史》记载：《太初历》的制定是以天文观测记录为依据的，完成这种观测的主要工具就始于落下闳所营造的浑仪与浑象。其基本结构和功能为：

浑仪是一台观测研究天象的仪器，它由"六环一管"组成。除恒显圈（靠近北极）、恒隐圈（靠近南极）外，中间的大圆圈环是天赤道，即春分、秋分时太阳运行的轨迹——太阳出于正东方的卯点、没于正西方的酉点的轨迹。白天、黑夜的长度都相等。天赤道以北的大圆平行于天赤道，它是夏至时的日行轨迹。太阳出于东北方的寅点，没于西北方的戌点，白天的长度长于夜晚；天赤道以南的大圆平行于天赤道，它是冬至时的日行轨迹，太阳出于东南方的辰点，没于西南方的申点，白天的长度短于夜晚。这种演示比盖天说要直观一些。

另一个大圆是子午环圈，它与南北极轴成36度角。子午圈与天赤道（二分日道）垂直相交的交点就是春分点、秋分点。四游环则是一个活动环，它绕着南北极轴旋转。供观测用的方管叫"窥管"或"望管"，它与四游环共面，绕着四游环的圆心旋转。除四游环及两个恒圈外，其余四个环上分别刻有周天长度365.25度。窥管能够对准和测定天球上任何一个位置的天体坐标。

当人们具体观测某个天体时，可先按极轴方向旋转四游环。对准这个天体，通过窥管读出其周天度数，古人称"赤经度"。再将窥管沿天赤道方向旋转，从窥管中找到这个天体，通过窥管读出其周天度数，古人称"赤纬度"。天体的赤纬度和赤经度相当于平面上一个点的横坐标和纵坐标。

落下闳等人为迅速测定天体经纬度数，沿黄道和赤道先自西向东，再自北向南，同样把周天划分成28个区域，每个区域叫一"宿"。在这二十八宿中任选一颗星作测量标准，就得到"距星"。距星坐标叫"入宿度"。所要测量的天体坐标叫"去极度"。二者结合就能更快地确定天体位置。

浑象是演示浑天的天球模型，它的形状是一个大圆球，象征着天球。球面上标出了全天都可以看见的恒星、地平圈、黄道圈和赤道圈等，还有太阳、月亮等天体的活动标志。通过极轴旋转，更方便移动观测天体位置，模拟实际天象。这种浑象与现代天球仪类似，甚至超乎现代人的想象。落下闳的浑象并非普通的外观型天球，观察者悬坐在球中，身体在地平面下，头在地平面上。随着天球的转动，坐在天球内的人自内向外观看天象，可以真实体验和观测斗转星移的天体运行状态。至于是否通过人力转动球体模拟天象，没有详细记载。但这种"地下转浑天"的技术在当时无疑是一项领先世界天文科技界的先进技术。

落下闳制作浑象，主要用于观测天体的"入宿度"和"去极度"并进行运算。在数学尚不发达的西汉，他采取了比较科学的方式：把天赤道和子午道分成若干弧段，然后利用相同的入宿度比较去极度，两两相减得"距度"，分别列出差度表，再求其连续差值，最后用他自己独创的"通其率"，将连续差值逼为常数。

东汉时，科学家张衡为证明浑天说的正确性和浑象的科学性，制造了一架浑象，并以漏壶流水为动力，通过齿轮系统，带动浑象匀速地旋转，史称"漏水转浑天仪"。仪器经过调整校对后，可使它正好一天转一周，自动吻合了天象。落下闳浑象和漏水转浑天仪，对后世浑仪、浑象的设计、建造的影响很大。例如北宋苏颂、韩公廉就设计、制造了一台水运仪象台，包括浑仪、浑象和报时系统三部分，分别置于三层木结构建筑的顶部、中部和底部，恰似一座小型天文台，被誉为"世界上最早的机械时钟"。

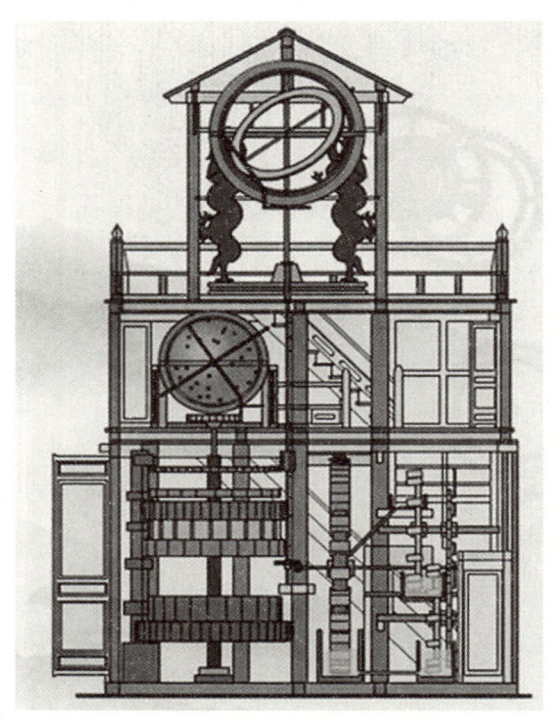

宋代苏颂的水运仪象台

　　落下闳制作的浑仪和浑象，虽是直观反映浑天理论的物化模型，但赤道式浑仪在中国用了2000多年；由浑象改制的机械时钟一直使用到现代。落下闳运用浑仪、浑象为其转历运算获取了二十八宿赤道距度，这是体现日月五星运行规律的重要天文数据。正因为落下闳准确把握了历法改革所必需的五星运行周期、月亮朔望周期、太阳回归年周期及日月交食周期等，他才能够首次提出日交食的周期为11年产生23次日食。其首创了"无中气置润法""正月建寅法"等，这些成果一直沿用至今。正是因为落下闳在天文观测、数据分析研究，尤其是转历运算方面取得了多项开拓性的科技成就，他才先后赢得了中外天文学史界、科技史学界的高度评价。

阆中山川形胜，山合四面，水绕三方。其形制构成天然的罗城盆地，类似于现代大射电望远镜或接收电视信号的"锅棚"，犹如天然的大式盘或大罗盘，自古是天象观测和研究的绝佳环境。《华阳国志》等记载阆中有灵山灵台，蟠龙山有占星台，古东园有七星台。考古调查还发现灵山有呈"九重塔"神秘结构的观象台燎祭遗迹等。

2016年，阆中古天文田野调查项目组在调查蟠龙山天文遗址时发现：在小蟠龙山顶峰东南坡400米处有一个直径约8米的圆台，北纬31°35′48″，东经105°58′25″，海拔494.6米。其西北至东南为泡砂石原生台地，东南至西北为夯土台地，合围成圜丘。经刮削发现：夯土从上到下共分四层。分别是腐殖土约15厘米，夹砂泥10～15厘米，灰褐沙土20～25厘米。其中夹杂素面灰褐色碎陶瓦片4枚，文化特征不晚于唐代。古天文专家认为，根据圆台遗迹所在地的地形、地貌及周边山峰、山势判定，这里应该是蟠龙山观测天象最理想的地方。其山环水绕的四周山势，山垭独特，在两分（春分、秋分）和两至（冬至、夏至）都能够找到对应的山峰或山垭作为观测的参照标记，准确记录分至日的太阳升降起落及五星四象天体运行经过这些峰垭的时刻。这就构成了一个非常理想的日星观测系统，俗称地平历系统。

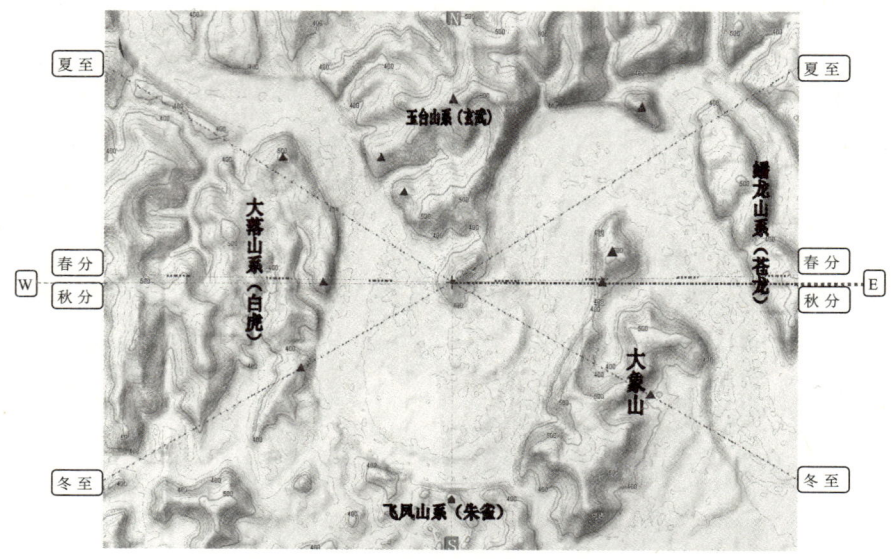

阆中蟠龙山次高圆台地平历日星观测系统

从天文考古调查情况看，蟠龙山星台无疑为唐代袁天罡的占星台，与地方史志所载相契合。至于唐代之前的汉代、先秦以及上古时代是否有观星台，暂时没有直接的考古证据，但从地名"阆中"来说，其本身就蕴含有"地中"之义。星台四周的蟠龙（山）、玉台（山）、白溪、飞凤（山）及伞子山、午（五）吉关诸名契合天文"四象"（四灵）及子午酉卯方位观念，无不体现了与天星的对应，展示了法天象地、上应天星的灵台观星、建中立极的文化制度原理。史载落下闳于"地中转浑天"，这说明落下闳及他的族学有可能曾通过蟠龙占星台或灵山古星台，利用浑仪、浑象进行过"地中转浑天"观测、考究星象运行规律，并积淀了海量的天文观测数据和丰富的运算转历经验，否则他不可能在短短的太初改历中,从众多国家级天学、历算大师的激烈竞争中脱颖而出,成为《太初历》主创者及转历运算高手。当年的京师星台和河南告成镇星台仅仅是落下闳等人验证、修订和完善天学历算数据的地方。

阆中灵城岩保存的四象瓦当(侯开良 摄)

第四章
落下闳与二十四节气

"气"是中国古代文化中极为重要的观念，古人早就发现天地间充盈着气。天有天气，地有地气，人有人气，一年四季各有不同的风气。随着季节的变化，天气的凉热可以为大家明显感知，但地气的萌动变化却不容易被平常人察觉。河南舞阳贾湖先民至少在8000年前，就根据丹顶鹤的迁徙规律，用骨管来候气，确定季节。6500年前，河南濮阳西水坡的先民就形成了四时四象观念，对春分、夏至、秋分和冬至四气有了明确的认识，以便科学安排农业春播秋收的时间，到周代形成了完整的四时八节观念，与春生、夏长、秋收、冬藏的农业生产规律相契合。战国时，人们在四时八节的基础上，根据太阳运行所带来的寒暑冷热的气化规律，将月令与节令匹配，并结合农事形成了二十四节气。《太初历》将二十四节气纳入历法系统，使历法更科学。

落下闳将二十四节气纳入历法（张重渝 作）

第一节　节气观念的形成

中国历法在对太阳和月亮等天体的运行规律与社会生产生活及人伦秩序"合天之道"的建构与探索中，形成了独具特色的节气和节令。节气和节令构成传统阴阳历的重要内容，它与社会生产和社会生活息息相关,也是促进人与自然、社会与自然和谐发展的重要媒介。《太初历》以冬至为历法元点,以立春为新年伊始,将二十四节气纳入历法系统,对中国传统社会产生了深远的影响。

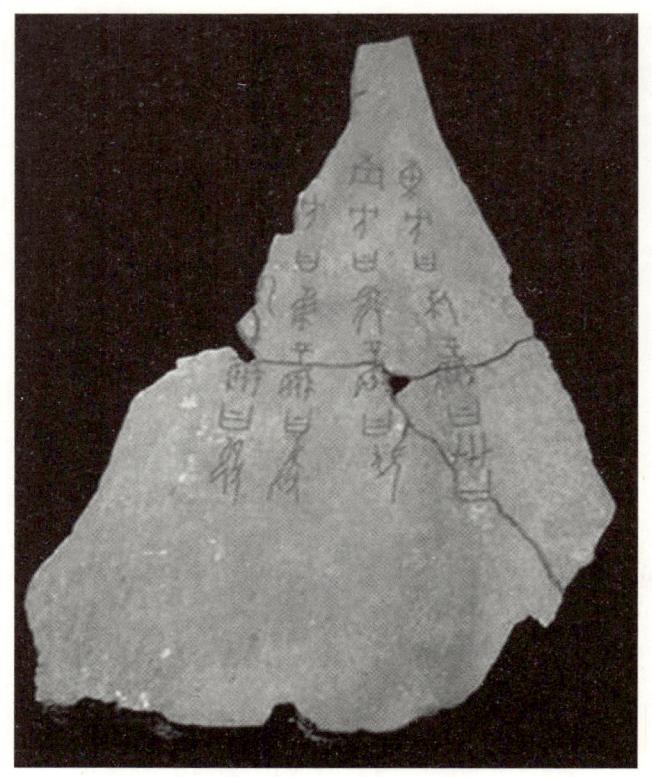

殷墟甲骨文四方神文字

"节气"一词含有两个截然不同的概念。最早出现的是两分两至,即春分、秋分,夏至、冬至,都属"气"。殷墟卜辞中记载的东西南北四方风是对同一意义的不同表达。四气结构显然粗疏，于是古人将每气一分为二，又形成立春、立夏、立秋、立冬四节，构成了历法中的分至启闭结构，也是历法中最早的节气，俗称为"四时八节"。二十四节气形成后，人们习惯把排在奇数位的节气如立春、惊蛰等称为"节气"，而将偶数位的如雨水、春分等称为"中气"。

节气源于人们对太阳回归年规律的认识。它由太阳位置决定，反映太阳视运动规律。在对太阳视运动的长期观察中，人们逐渐掌握了太阳运动周期，形成了对太阳回归周期的认识。据考证，5000年前，我国人民已通过圭表测影方法获得了东、西、南、北四正方向的知识，并靠二绳及平分二绳方法获得了四维八方九宫观念，并通过对日影的测定获得了"日长至""日短至"的两至（夏至、冬至）两分（春分、秋分）知识，形成了子午卯酉四时空观念和两分两至四气观（四方风），并产生了四方神、四风神、四神神话。四时成为历法中最重要的节气，对后世中国天文历法有重要影响。中国天文史上的"四象"以及"使四鸟"（四鸟司时）观念都是由此形成的，成都金沙遗址出土的太阳神鸟图徽以及殷墟出土的四方风神甲骨便是这一天文历法观念的产物。随着天文观测的需要，人们在地平方位观测中又形成了四隅、四维观念，最终形成了九宫八卦空间观念和四时八节时空观念。两分两至四立成为最重要的时空节点，它们构成天文历法的主干和基本节令。西周历法就是以分至启闭为基本框架的"八节历"（俗称"八卦历"）。在春秋战国时，人们在四时八节时空观念的基础上，在观测中将太阳视运动位置进一步细化,逐步形成了二十四节气系统甚至更多的节气系统。如《管子·幼官》中就记载了一种将一年分为三十节气的古历,二十四节气形成时间至迟可以上溯到战国,但它的全部名称是在西汉时期才首次出现的。《淮南子》中就有二十四节气的完整记载,但将它正式与历法匹配并与十二月令结合编排则是落下闳等在编制《太初历》的过程中完成的。

第二节 二十四节气的历法内涵

二十四节气的计算有两种,古人最初的做法是将一回归年长度均匀地分成24等分。对于使用四分岁实历来说,每一节气的长度是365.25日的1/24,即 $365.25 \times \frac{1}{24}$,也即从立春开始,每过15.21875日就交一个新的节气。这个节气数是个平均数,故称作"平气"。但事实上,太阳的周期视运动是不均匀的。同时,人们以太阳所在赤道宿度的方法来确立二十四节气的时间点。北齐天文学家张子信通过观测发现,太阳春分后运行速度慢,到秋分后运行速度快。根据这一发现,隋代刘焯又提出了以太阳黄道位置确定节气的方法。他把一周天从冬至开始均匀地分成24份,太阳每运行到一个分点,就交了一个节气。这种方法称为"定气"。定气的时间长度是不等的,由于冬至前后移动快,一个节气就只有14日多;夏至前后太阳移动慢,一节气可长达16日。古人虽然对定气认识较早,但直至清代《时宪历》才开始用定气注历。定气法使二十四节气安排更精确、更科学,更接近天象运动的真实情况。当代历法中二十四节气的确定方法主要是运用定气的方法。

落下闳等在《太初历》中根据十二月令,将每月定为二气,并采用"以无中气月置闰"制度,将二十四气从冬至开始,依顺序把单数次序的十二气确定为"节气",把偶数次序的十二气称作"中气",以指导农事和社会生活。

但是,现在人们的习惯认知是将太阳在黄道上的位置分为24个段落,按周天360度进行平分,每个段落15度,以春分为黄经0度,按顺时针方向将周天360度分为24个节气。

近现代历法将二十四节气从阳历二月开始,依次定为:

立春、雨水、惊蛰、春分、清明、谷雨
立夏、小满、芒种、夏至、小暑、大暑
立秋、处暑、白露、秋分、寒露、霜降
立冬、小雪、大雪、冬至、小寒、大寒

一年春夏秋冬四季,每季6个节气,12个月24个节气。每月2个节气,从1月份小寒、大寒到6月份芒种、夏至间的12个节气处于上半年,从7月份小暑、大暑到12月份大雪、冬至的12个节气处于下半年。这种编排既能准确反映季节、天象、物候,又便于人们把握气温、气候、降水等情况,便于指导农事和社会生产生活。后来人们用歌谣方式记录下来，使二十四节气知识得到空前普及。《二十四节气歌》为："春雨惊春清谷天，夏满芒夏暑相连，秋处露秋寒霜降，冬雪雪冬小大寒。"

二十四节气分类表

季节类	立春、立夏、立秋、立冬	根据气候变化定位，表征春夏秋冬四季开始
天象类	春分、夏至、秋分、冬至	表征昼夜长短
物候类	惊蛰、清明、小满、芒种	表征天气和气候变化影响下动植物候应及相应农事
降水类	雨水、谷雨、小雪、大雪	表征降水时节及性质和程度
气温类	小暑、大暑、处暑、小寒、大寒	表征气温高低寒热程度
水温类	白露、寒露、霜降	表征气温下降程度及状态

二十四节气体系是中国历法的独创，是中国历法及人文精神追求德合天地、道合天地、人天合一思想的体现，整体全息式体现了宇宙自然节律与社会秩序及个体生命生活节奏的协调统一，构成了一个和谐的自然社会生产生活秩序系统。它以天人合一、天人和合方式给中华文明以深刻影响。它与秦汉以来所形成的天人合一、天人感应哲学思想互为表里，形成了独具特色的天人和合文化，在人类文明史上独树一帜，至今仍有着重要的文化价值，对当代文化发展仍有重要借鉴意义。

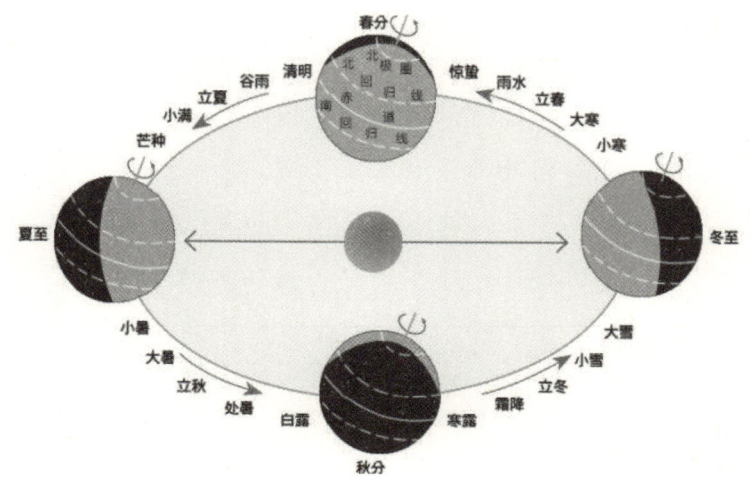

人们预知冷暖雪雨的指南针

2006年5月20日,"二十四节气"作为民俗项目,经国务院批准列入第一批国家级非物质文化遗产名录。

2016年11月30日,中国"二十四节气"被正式列入联合国教科文组织人类非物质文化遗产代表作名录,这是中华文明对世界文明的重要贡献。

第三节　四时节令文化

在数千年的历史长河中,我们的祖先不仅将二十四节气用于指导农业生产和社会生活,而且在生产实践中围绕二十四节气,形成了独特的四时节令文化,对中国传统文化和社会生产生活产生了重要影响,至今浸润在民族文化血脉中。

一、春季的节令文化

1. 立春

斗指寅,太阳黄经为315度,公历2月3—5日交节。汉字中"立"为人站立于大地之上之象,引申为开始之义。立春指春季开始。虽然还有一些寒意,但春回大地,谁也挡不住它的脚步。立春为"正月节",二十四节气中第一个节气。古人云"一年之计在于春"。这"春"字乃日暖草木萌发之象,代表着温暖、生长和耕耘。"立春"也是重要的传统文化节日,民间有"迎春""咬春""打春牛"等习俗。在汉代《太初历》颁布前,历法多次变革难以统一,那时将二十四节气中的立春这一天定为春节。

2. 雨水

斗指寅,太阳黄经为330度,公历2月18—20日交节。霜雪消融,春色渐深,雨水增多。老人说"一场春雨一场暖"。雨水是"正月中",二十四节气中的第二个节气,在正月十五元宵节前后。雨量逐渐增多,意味着冰雪融化,气温回升,万物开始萌动,杏花、桃花、李花陆续开放。杜甫诗云:"好雨知时节,当春乃发生。随风潜入夜,润物细无声。"

3. 惊蛰

斗指卯,太阳黄经为345度,公历3月5—7日交节。蛰是蛰伏归藏的意思。惊蛰是指春雷突响,惊醒了蛰伏在土中冬眠的动物，一个个睁开眼睛，钻出来活动。惊蛰是"二月节"，二十四节气中的第三个节气。春雷响，万物长。桃花盛开，燕子归来。所以，惊蛰也是全国大部分地区春耕生产开始的日子。"二月二，龙抬头"，"见龙在天，天下文明"，"龙星升腾，天地光明"，"龙神即雷神"。古人在城郊"祭雷公""祭龙神"，祈求风调雨顺。

4. 春分

斗指卯，太阳黄经为 0 度，公历 3 月 20—22 日交节。分是平分，春分时表示昼夜平分。春分是"二月中"，二十四节气中的第四个节气。太阳笔直照射地球赤道，把光线和热量平均分给南北半球，南北半球的昼夜等长。此后，北半球各地开始昼长夜短。春分时节，阳光明媚，杨柳青青，小麦拔节，油菜花香。"夜来风雨声，花落知多少。"

5. 清明

斗指辰，太阳黄经为 15 度，公历 4 月 4—6 日交节。天清清，地亮亮，正是春游好时光。清明是"三月节"，二十四节气中的第五个节气。古人云："清明前后，种瓜点豆。"清明是春耕、春播的大好时节。天清地明，草木繁茂。这是中华民族传统文化节日，放小长假，郊外游行。该习俗源于古人桑林聚会，高禖濮禊；祭扫祖先坟墓，生者和逝者之间展开"对话"，尊重和敬畏生命，延续传统信仰。

6. 谷雨

斗指辰,太阳黄经为 30 度,公历 4 月 19—21 日交节。雨生百谷,指雨量充足而及时,谷类作物茁壮成长。老人说:"清明要明,谷雨要淋。"谷雨是"三月中",二十四节气中的第六个节气。谷雨时节,寒潮基本结束,气温回暖加快,雨水增多,是播种、移苗、栽瓜、点豆的最佳时节。农作物需要雨水滋润,谷雨时节采摘茶叶叫"谷雨茶",有清火、明目的作用,还有香喷喷的气息。

二、夏季的节令文化

7. 立夏

斗指巳,太阳黄经为 45 度,公历 5 月 5—7 日交节。春姑娘刚走,夏妹妹就来。"小荷才露尖尖角,早有蜻蜓立上头。"立夏是"四月节",二十四节气中的第七个节气。温度明显升高,雷雨多,火热夏天即将来临。春是"生"的季节,夏是"长"的季节。自然界的植物开始疯长,农作物进入生长旺盛期,农业生产进入大忙季节。

8. 小满

斗指巳,太阳黄经为 60 度,公历 5 月 20—27 日交节。诗云:"麦穗初齐稚子娇,桑叶正肥蚕食饱。"它在"四月中",二十四节气中的第八个节气。麦类夏熟作物的籽粒开始灌浆饱满,但还未完全成熟,处于乳熟期,所以叫小满。小满时节雨水多,雨量大，要充分利用塘堰蓄水，准备在油菜、小麦收割之后收水、插秧。全国农村陆续进入繁忙季节。

9. 芒种

斗指午，太阳黄经为75度，公历6月5—7日交节。陆游诗云："时雨及芒种，四野皆插秧。"芒种是"五月节"，二十四节气中的第九个节气。"芒种"有两层意思：一是有芒的麦子收获，有芒的水稻移栽；二是"芒，忙也"，农民已经进入抢种、抢收的忙碌生活阶段。雨量充沛，气温升高，要防止物品霉变。

10. 夏至

斗指午，太阳黄经为90度，公历6月21—22日交节。俗话说："吃了夏至面，一天短一线。"夏至是"五月中"，二十四节气中的第十个节气。夏至日，太阳直射地面的位置到达最北端的北回归线，北半球的白昼时间是全年最长的，然后太阳直射点逐渐南移，北半球白昼逐渐变短。夏至期间，全国大部分地区气温较高，日照充足，频繁的雷雨会影响农业生产及居民生活。夏至是"星回龙归，天地交午"之时。端午节是夏至节俗的演变，在民俗中是仅次于春节的大节。在古代江南及西南少数民族中，"过端阳（午）"之盛况不亚于过年，仪式繁杂，文化内涵厚重，如划龙舟就源于上古对龙星回归南中天的祭祀娱神活动。

11. 小暑

斗指未，太阳黄经为105度，公历7月6—8日交节。诗曰："竹喧先觉雨，山暗已闻雷。""暑"的意思是炎热，"小"指热的程度。小暑是天气开始炎热，还没到一年中最热的时段。它是"六月节"，二十四节气中的第十一个节气。南方梅雨结束，"三伏天"即将登场。应尽量减少外出，多吃清凉消暑的食物。

12. 大暑

斗指未，太阳黄经为120度，公历7月22—24日交节。诗云："赤日几时过，清风无处寻。"一年中最热的时节到了。从早到晚，天上没有一丝云，知了不停地叫。大暑是"六月中"，二十四节气中的第十二个节气，正值"三伏天"的中伏前后，是一年中日照最多、气温最高的时期。耐热的作物生长速度最快，很多地方会旱、涝、风灾频发。民间多有晒伏姜、饮伏茶、烧伏香、晒被褥、喝羊肉汤等习俗。

三、秋季的节令文化

13. 立秋

斗指申，太阳黄经为135度，公历8月7—9日交节。诗云："明月松间照，清泉石上流。""一叶知秋"，秋仙子给人们送来了一张张黄叶名片。它是"七月节"，二十四节气中的第十三个节气。"七月流火"，龙星西沉。"秋"是禾谷成熟、收获的季节。虽进入秋季，并不代表秋天气候已到。平均气温连续5天都在

22摄氏度以下，才算进入真正的秋天。"立秋末伏，鸡蛋晒熟。"

14. 处暑

斗指申，太阳黄经为150度，公历8月22—24日交节。处是终止、躲藏的意思，处暑表示炎热的暑天结束。暑气日渐消退，秋仙子款款降临。老人云："一场秋雨一场凉。"处暑是"七月中"，二十四节气中的第十四个节气。天气由炎热向凉爽过渡，秋高气爽，民间多有祭祖、迎秋等民俗活动。

15. 白露

斗指酉，太阳黄经为165度，公历9月7—9日交节。天气转凉，露凝而白。清晨，空中大雁排队南飞，路边桂花悄然盛开，池塘荷叶开始萎缩，草叶露水像珍珠。白露是"八月节"，二十四节气中的第十五个节气。白天和夜晚的温差越来越大，晚上空气中的水蒸气凝结成水珠，在早晨和煦的阳光照射下放射出洁白的光，所以叫"白露"。

16. 秋分

斗指酉，太阳黄经为180度，公历9月22—24日交节。秋分是"八月中"，二十四节气中的第十六个节气。诗云："床前明月光，疑是地上霜。"既是"中秋"时节，又昼夜平分。太阳在这一天直射赤道，把光和热平均分给南北半球，昼夜一样长。此后太阳直射点渐次南移，北半球夜晚逐渐比白天长。秋分又称"祭月节"，"天涯共此时"的中秋节由此演变而来。

17. 寒露

斗指戌，太阳黄经为 195 度，公历 10 月 8—9 日交节。露水以寒，将要结冰。一阵阵凉风，一颗颗寒露，秋菊开始飘香。寒露是"九月节"，二十四节气中的第十七个节气。太阳直射点过了赤道继续南移，北半球得到的热量不断减少，气温随之下降，地面露水快要凝结成霜，隐约能听见冬天的脚步声。

18. 霜降

斗指戌，太阳黄经为 210 度，公历 10 月 23—24 日交节。天气渐冷，开始有霜，无边落木萧萧下。"枯藤老树昏鸦，小桥流水人家，古道西风瘦马。"霜降是"九月中"，二十四节气中的第十八个节气。霜是地面水蒸气遇低温凝结而成的白色冰晶。霜降，表示大地出现初霜，人们需吃板栗等食物，增强体质。

四、冬季的节令文化

19. 立冬

斗指亥，太阳黄经为 225 度，公历 11 月 7—8 日交节。橘子绿了，橙子黄了，秋收结束了，冬藏的季节开始了。立冬是"十月节"，二十四节气中的第十九个节气。立冬有万物收藏、躲避寒冬的意思。农作物收晒入库；动物蛰藏冬眠；民间煲药膳鸡汤，滋阴补阳。

20. 小雪

斗指亥，太阳黄经为 240 度，公历 11 月 22—23 日交节。"满城楼观玉栏杆，小雪晴时不共寒。"栏杆飘满新雪，增添出游兴致。小雪是"十月中"，二十四节气中的第二十个节气，表示降雪序幕拉开，雪量不大，寒潮及冷空气活动频繁。俗话说"小雪不见雪，小麦颗粒瘪"。小雪时节降雪，滋润土壤，对农业生产和居民生活都有很大的帮助。

21. 大雪

斗指子，太阳黄经为255度，公历12月6—8日交节。千里冰封，万里雪飘。河、湖、塘开始结冰。大雪是"冬月节"，二十四节气中的第二十一个节气。大雪，意味着天气更冷，降雪量更大。全国许多地区气温降到0摄氏度以下，经常有大雪、冻雨、雾凇、雾霾等。气候比较干燥，应注意森林防火。

22. 冬至

斗指子，太阳黄经为270度，公历12月21—23日交节。俗话说："吃了冬至面，一天长一线"，"冬至不喂牛，春耕要发愁"。冬至是"冬月中"，二十四节气中的第二十二个节气。这时北半球太阳影子最长，在一年中白昼最短、夜晚最长。冬至后北半球白昼逐渐变长，气温继续下降，开始进入最冷的"三九"时段。"冬，终也。"冬季为四季最后一季。冬至交子，在天文学上有新旧更替之义。古历中多以冬至为历元，故古代很重视冬至节。周历建子以阴历十一月为正月，该月又是冬至节所在月，为一年之终，故农历十一月在民俗上又称"冬月"。

古代有"冬至大如年"的说法。

23. 小寒

斗指丑,太阳黄经为285度,公历1月5—7日交节。诗云:"墙角数枝梅,凌寒独自开。遥知不是雪,为有暗香来。"小寒是"腊月节",二十四节气中的第二十三个节气。俗话说:"冷气积久而寒。"小寒到大寒是全年最冷的时段。《数九歌》里说"三九四九,冻死猪狗",就是指这个阶段,要特别注意保暖御寒。

24. 大寒

斗指丑,太阳黄经为300度,公历1月20—21日交节。一阵阵寒风,一阵阵寒潮。"大寒雪未消,闭门不能出。"大寒是"腊月中",二十四节气中最后一个节气。大寒正值数九严寒,寒潮活动最为活跃,中国大部分地区进入一年中最为寒冷的时期。过了大寒就是第二年的立春,新一年的节气轮回即将开始。

第五章
落下闳与春节文化

在中国众多节日中，最重要的节日莫过于春节。最具有类似宗教情怀仪式感的节日也莫过于春节。

春节，民族的心结，亲情的驿站，是亿万中国人情感聚合的精神家园，在中国人的心目中有着神圣的地位。

春节的发源极为古远，传说伏羲制春立元日，表明春节源于上古时代。《尔雅·释天》"夏曰岁，商曰祀，周曰年，唐虞曰载"就是说夏代称一年为一岁，商代称一年为一祀，唐虞称一年为一载。年、岁、载这些表示一年周期时间的概念至今仍在使用。既然有年、岁、载的时间观念，就有春节习俗。但将一年和春节时间固定下来却与《太初历》有关，这与汉代以后各朝各代对《太初历》开启的以正月为岁首、行夏正的历法传统有关。现代春节这一概念虽源于中华民国，但最初与《太初历》行夏正的历法制度相关。故在民间，人们将《太初历》的主要制作者落下闳称作"春节老人"，将落下闳的家乡阆中称作"春节文化之乡"和"春节发源地"。阆中春节文化厚重，并形成了独特的春节民俗文化及春节文化传承体系。

第一节 春节溯源

中国春节在不同的时期曾经有不同的称谓，被赋予了不同的文化内涵，自然也糅合了许多多元和合的文化韵味。

一、称"载"

传说唐虞时期人们将一年称为一"载"。当时人们非常重视观察北斗七星，因为其斗柄的位置可以帮助人们辨明方向，识别春夏秋冬四季。北斗星自东向西环绕北极星旋转，每转动一周便是一年。故《史记·天官书》云："斗为帝车，运于中央，临制四方。"人们把北斗七星想象成了天帝所乘坐的马车，巡天视察一圈就是一"载"。一年就是一载，所谓"斗转星移又一载"即此义。北斗巡天一周，人们就要载歌载舞，以娱乐庆春节。中国春节民俗中的攘星祭斗，就源于这种古老的天文习俗，并成为传统春节庙会的重要内容。

二、称"岁"

"岁"本为斧类砍凿工具，也用作农具。当庄稼一年一熟收获后，人们便杀牲祭神，"岁"就又成为祭祀名，也成为纪年的标志。同时"岁"称年，又与五星纪历的木星（岁星）岁次运行有关。上古先民有以五星纪历的传统，即以五大行星出没规律来确立农耕。在五大行星中，人们将木星作为农耕授时主星，自夏代开始特别关注木星的运行周期，约每12年就要行经上空一周。于是人们以木星的星次纪年，称木星为"岁星"。人们又将一周天等分为12份，称为十二星次，每一年移动一星次，一个星次即一岁，一岁就是一年。所以，每逢春节，中国老人们总会拿出一些崭新的钞票给小孩"压岁"，以祈福。

守岁（王海蛟 作）

三、称"祀"

商朝时，人们非常重视祭祀活动，每年都要举行一年一度的祭祀天地及列祖列宗的大典，虔诚地向祖宗及各路神灵敬奉自己最珍贵的祭品：动物、食物、烟、酒、烛等。一年一祀，一祀就是一年。祭祀仪式结束之后，大家还要共同分享敬神的食品。这就是最早的吃团年饭的习俗。

四、称"年"

在甲骨文中，"年"字的上面是"禾"字，下面是"人"字，原本是"农人背负着谷物"的象形字。周人以谷物的一个成熟周期为一年，每年秋后农作物成熟便开始过年。周人生活于以关中为中心的三秦大地，关中多是每年九月和十月为作物收成之季，故周人在作物收成后的十一月（冬月）过年。冬月就成为周人的新年开始之月，故周历建子，"年"也被引申为"岁""载"了。

五、称"旦"

上古时期，部落联盟首领颛顼创制了《颛顼历》，以孟冬十月为"元"，表示正朔元日开始；以"旦"表示太阳刚从地面升起之时。因此，古人以"元旦"或"岁旦"表示新年的第一个早晨。"元旦"表示新年第一天。《太初历》以农历正月初一为岁首，正月初一就被称为元旦元日。中华民国改元后，称公历一月一日为"元旦"，一直保留至今。

六、称"正日"

东汉称春节为正日。东汉崔寔著《四月民令》云："正月之旦，是谓正日。躬率妻孥，絜祀祖祢。"杨按："汉代以后沿用。"《宋书·礼志一》载："烈祖明帝以正日弃天下，每与皇太后念此日至，心有剥裂。"魏晋南北朝时，春节又称"正旦""元辰""元首"等。

团年饭（张重渝 作）

七、称"除夕"

除夕原本是指"在去除旧年时光的最后一个夜晚"。是夜，家人齐聚一堂，共同辞旧迎新。因此，一年一除夕。腊月三十晚上，全家人齐聚堂屋（客厅）吃年夜饭、话家常、烤火守岁迎旦。

八、称"春节"

西汉落下闳等研制《太初历》，规定孟春为正月，正月初一叫"元旦",一直沿用到清末。"春节"一词最早出现在《后汉书·杨震传》中:"又冬无宿雪,春节未雨,百僚燋心。"这里的春节指春季。宋代文天祥《狱中》诗云:"春节前三日,江乡正小年。"这里的春节多指立春日。直到孙中山领导辛亥革命推翻清朝统治,建立中华民国,1912年,各省都督代表开会决定:农历一月一日叫"春节",公历1月1日叫"元旦"。1949年10月,中华人民共和国成立并决定采用公元纪年,"元旦"为公历岁首第一天,农历正月初一叫"春节"。1949年12月23日,政务院发布《全国年节及纪念日放假办法》,正式将春节纳入了国家法定休假的范畴。

发天烛(吴建国 作)

第二节　春节的文化意义

在春节期间，除一些特殊岗位值班、工程赶工外，全国民众都有公休假。人们在重温除夕团年、焚香祭祖的仪式中体验乡愁，寻找人生根脉；在老少熟悉的过年习俗、拜年礼仪等程序中感受亲情；在儿孙们洗耳恭听长辈郑重其事的教诲中实现文化传承……所有的春节习俗中都蕴含着中国人数千年来的感恩情怀；所有的过年仪式中都贯穿着敬畏自然天地、追思祖宗前贤、感恩远亲近邻等丰富内涵。人们深刻体验了血脉亲情的温暖，自然激发了奋力拼搏的热情。大家憧憬着美好幸福的未来，也不断习养、沉淀着修身、齐家、治国、平天下的大智慧。

一、阖家团聚，亲情圆融

春节，不仅是周而复始的自然节律标记，也是天道轮回时、人性回归期。有人说："日思夜盼亲人团聚，有钱没钱回家过年。"诗人云："少小离家老大回，乡音无改鬓毛衰。"……让家人幸福是人们外出打拼的理由，回家过年是情感和合的祈盼。因此，春节是人生助力的泵站，年夜饭是生命勃发的源泉。回家吃顿团年饭，是亲情圆融的心理显现；院坝堂屋，是游子归心的精神家园；春节期间的祭祀，是祖宗信仰文化遗产的传承和发扬，是对传统文化的认同和回归；新春拜年走亲访友，更是家人族群价值认同的强化与彰显。

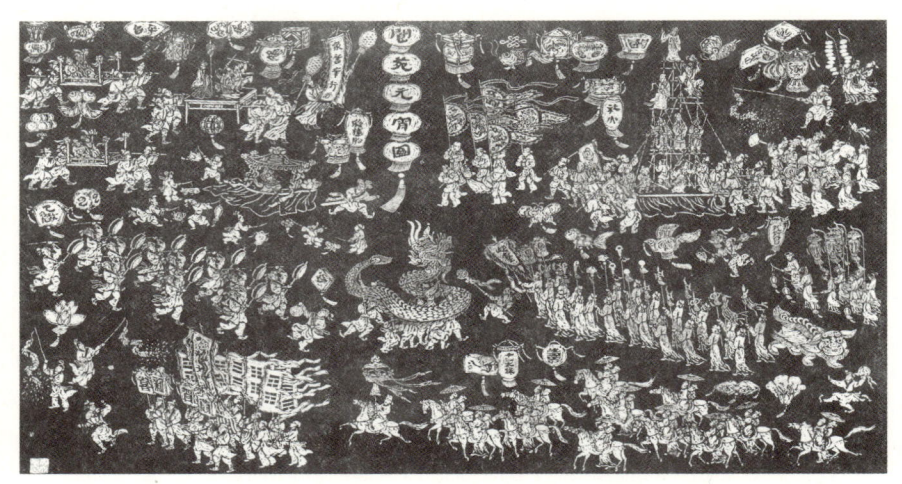

闹元宵（陈文大 作）

二、贺春迎新，人文情怀

春节，正值每年的严寒冬日。草木凋零，万物肃杀，人们更渴望春天般的温暖。因此，春节作为年度大庆，万众归心似箭，万家翘首相盼，举国万民同乐，神州祥和温暖。贴年画，贴门神，贴春联；打扫除尘；煮腊肉，做年糕，推豆腐，炒青菜；包饺子，滚汤圆，捏馄饨；着新衣，穿花鞋，逛庙会；拜新年，接财神，游百病……各式各样的迎春活动，来源于古人象天历法的人文内涵，也契合于天地运行的节律，满足了抚亲安神的愿望，又寓意着来年广交红运……独特而悠久的中国春节民俗文化，传承了肇源伏羲时代、至秦汉时期定型的天文节律月令文化，体现了中华民族悠悠的家国情怀。

三、敬天法祖，岁祭祈福

春节期间，中国民间的祭祀活动源于古代腊月岁祭——以自己准备的"腊祭"岁献祭奠天地；拜祀灶君、门神、财神；到祖坟前磕头烧香；在大庙前打春牛、祭社神……祈求来年风调雨顺、五谷丰登、健康快乐、百业兴旺、家国平安昌盛；祈求上苍及列祖列宗，时刻关心、爱护后代儿孙们。这份慎重与虔诚，足以让家里的孩子都牢牢记住了乡愁乡情，让乡愁成为人生根脉的生命底层——有一个血脉相连、魂绕梦牵的地方，那就是生我、养我的故土。

腊月的"腊"字原本表示祭祀，腊祭之月称为"腊月"。《云笈七签》卷三七记载："正月一日（春节）名天腊，五月五日（端午节）名地腊，七月七日（乞巧节）名德腊，十月一日（寒衣节）名民岁腊，初八（腊八节）名王侯腊。"这五腊日皆要修斋祭祀天、地和先祖。况且，春节前后的农耕祭祀也是中国农耕文明的产物。各地官方的祭祀活动虽在清末基本终止，但仍留下了许多腊祭岁献场所，如阆中就先后留下了先农坛、农神庙、明川北道杨瞻道台的"省耕亭"和明保宁知府周道直的"开稼堂"等文化遗址及文化记忆。这既体现了先民对大自然的尊重与敬畏，也反映了封建时代的官员重视农业、褒奖农耕的过往。对春节文化之乡的阆中来说，年尾岁首的祭祀也丰富了春节内涵。

四、血缘纽带，家国融合

中国自古以农业立国，春节过年是农闲时养精蓄锐的契机。

家族家庭又是血亲情感联络的纽带。因此，每个人立身处世，要考虑家庭利益及情感需求，更要明确自己所肩负的社会担当与国家责任。春节是中国人亲情润泽的驿站，更是家国融合的表现。中国春节是一家人情感培植的沃土，更是个体奋力拼搏的理由。

由此可见，春节，在每个人的心目中都有着她举足轻重的地位。

五、经济集市，购销火爆

春节期间，全国商业、交通、旅游、餐饮、金融等行业大融汇，形成了独具特色的"春节经济现象"。春节文化衍生品——鞭炮、彩灯、年画、春联、贺卡、书画琳琅满目；影视、曲艺、娱乐、工艺等精彩纷呈；楼市、金市、汇市吸引了投资者的目光；轿车、电器、手机、电脑催生了科技革新；微信红包、网上购物、网络拜年、出国旅行成为新时尚。人群、资金、信息的大规模流动，极大地激发了人们的生产创造激情，也折射出时代进步、经济水平提高和春节文化个性化、多元化、全球化的发展趋势。

六、全球盛典，感动世界

2017年春节前夕，英国BBC拍摄的3集纪录片《中国新年：全球最大盛典》感动了无数中国人和海外华人华侨。影片开头，一群外国学者惊叹："中国春节，见证了地球上最大规模的年度人口迁移活动，全球1/6的人口纷纷返回家乡与家人团圆。"

一年一度回家过年

全球大迁徙，感动全世界。每当中国的春节临近，天南地北的中国人即使关山万里、远渡重洋，也要克服重重困难，赶在除夕之夜回家团年。海陆空各大站台人流如潮，全国各地交通干线车流如织。几十亿人次的人口大迁徙，构成了一幅地球村最为壮观的时代画卷。数千万家庭春节期间昼夜灯火辉煌，彰显了中国春节文化无与伦比的巨大魅力。

第三节 阆中春节民俗

春节被尊为"中国节"，在千百年的发展与传承的过程中，全国各地自然形成了一些较为固化的风俗习惯。尤其是在落下闳的故里阆中，更是形成了独特的巴渝春节民俗。

一、迎接春节的习俗

1. 冬至迎春节

冬至时节，严寒极至，阳气暗生；昼短极至，日影最长。

在阆中自古有"冬至大如年"和"冬令进补"之说。冬至前，人们都要准备丰盛的肉食，以在冬至这天聚会进补，围炉夜话，称为"终聚"。羊肉成为进补首选之菜。"羊"代表"吉祥"，"羊羊羊，家家户户喜洋洋"寄托着美好的希望。冬至吃羊肉正是阆中的一大民俗。冬至节后，各种迎接春节的民俗文化活动陆续上演。全家老少相约为祖先扫墓，左邻右舍互助杀年猪，家家户户剁肉灌香肠，悠悠袅袅的柏烟熏腊肉……一派迎接春节的忙碌景象。

迎春（杨德勇 作）

2. 熬煮腊八粥

腊八节源于古代的腊日，是腊祭的开始，在上古是最重要的年终祭祀日。隋唐以来,将驱傩祭灶分离放到年终,腊八日就只相当于腊祭迎年的序曲。用腊八粥祭祀祖先和吃腊八粥成为各地民俗一大特色。在阆中民间,自古以来就有腊月初八、十八、二十八熬煮腊八粥的习俗。煮粥的米、肉、豆、红白萝卜等 8 种食材,必须在头一天备齐。半夜起来先用大火煮开,然后用微火慢熬,一直要熬到第二天早上。老人会给所有的晚辈端来一碗碗香喷喷、黏糊糊的腊八粥,还要看着他们吃完。这就是儿孙们一辈子都难以忘怀的家的味道、爱的味道。

贴门神(秦丽 作)

3. 祭祀和祈福

进入年终时节，祭祀和祈福成为多彩的程式化的春节民俗。两首民谣形象地描绘了这一特色。

民谣一：

迎新春，过大年。

腊月八，腊八饭，腊八过了是小年；

二十三，过小年，送灶神，把来年的丰收盼；

二十四，二十五，赶快除尘推豆腐；

二十六，二十七，置办年货去赶集；

二十八，二十九，宰猪杀羊做黄酒；

年三十，家家户户包饺子。

除夕夜，执守天烛放春炮，合家团圆最热闹！

迎新春，过大年，

一鸡二犬，三猪四羊，

五牛六马，七人八蚕。

九龙十虎，十一猫十二鼠。

民谣二：

腊月二十三，祭灶仙；

二十四，扫房子；

二十五，磨豆腐；

二十六，炖腊骨；

二十七，杀公鸡；

二十八，把面发；

二十九，舀泡酒……

腊月三十，各种祭祀活动达到了高潮：中午要以酒肉祭拜天地，然后挂灯笼、贴"福"、写春联祈福；晚上必须点香烛、烧纸钱，磕头祭拜祖先；端上酒菜、豆腐和糖果，迎接灶君、财神、门神等。人们在这辞旧迎新的忙碌中，细心编织着人生的网结，虔诚地分开过去和未来。

二、欢度春节的习俗

1. 堂屋大团圆

各家各户的长辈都要以爱的名义，精心准备一桌丰盛的家宴，摆在堂屋（或客厅）的正中，以团年的名义欢迎全家老少回到家里团圆。这种大团圆仪式感是神圣不可侵犯的。即便有人远隔千山万水无法到场，家人也会给他留出座位，摆上一副碗筷，寓意"阖家大团圆"。

2. 交子共守岁

团年晚宴之后，照例是孩子们放鞭炮、烟花，老人们安排祭祀祖先、请灶君、拜财神。然后，老少"脱蛮壳（洗澡、泡脚）"、听戏、看龙灯、舞狮子。全家人要一直守到午夜子时（古代以子、丑、寅、卯、辰、巳、午、未、申、酉、戌、亥十二地支纪时，晚上11点正交子时，为新的一天开始），撞响福钟、燃起鞭炮、吃春饺、吃夜宵……男女老少在这除夕子夜的欢愉声中，虔诚地缅怀祖先的功德，默默立誓要继承前人的遗志。对"交子"时刻的关注，寄托着对新年新事的美好期盼！

三、庆贺春节的习俗

1. 相互拜大年

正月初一早上，人们吃了汤圆或饺子后，穿上新衣服，带上孩子们，出门向左邻右舍拱手贺新春；给世代长辈和亲友拜贺新年。过去一年的矛盾，在拱手之间化解；旧年积累的恩怨，在贺年声中消散。晚辈拱手作揖，长辈祝福压岁。人们就是在这样的礼仪往来之中，逐步明确了人伦的秩序，联络了世代的亲情，从而找到了自己的人生定位，自觉担当起了家国的责任。

2. 祝祈盼兴旺

人们根据正月初一至初十的天气阴晴状况，预判祝祈新的一年家里人、畜、谷、果、蔬等兴旺。初一鸡过年，初二狗过年，初三猪过年，初四羊过年，初五牛过年，初六马过年，初七人过年，初八蚕过年，初九谷过年，初十蔬果过年。简称为"一鸡二犬，三猪四羊，五牛六马，七人八蚕，九谷十果蔬"。传说女娲先用前六天抟土捏制鸡、狗、猪、羊、牛、马，积累了经验后第七天才造出了人。尔后又造出蚕、谷和蔬果，解决了人的穿衣吃饭问题。后人怀念女娲的创世之恩，设立鸡日、犬日、人日等，逐一祝祈。

3. 游走祛百病

在阆中，每年正月十四"过大年"、正月十五"闹元宵"、正月十六"游百病"（中国体育非物质文化遗产保护和推广项目）……二月初二"龙抬头"忌戊后（古俗，五行戊属土，戊日为"土王用事"，忌动土劳作，以祈皇天后土、风调雨顺、五谷丰登），新年才算真正过完。人们在春节期间参与舞龙、杂耍、民歌、灯戏、木偶、川剧等，在表演中悠闲体味平凡生活的乐趣。人们在春节期间游走于城乡间，打水漂、踢毽子、放风筝、亮花鞋、打秋千、爬高山，合理宣泄了郁积一年的负面情绪。

正月十六游百病（陈文大 作）

第六章
落下闳的影响及天文传承

落下闳在天文方面的卓越成就对西汉以来中国传统天文历法和宇宙理论产生了重要影响。他所参与研制的《太初历》被誉为"汉历之祖""百历之宗"。他倡导的浑天说被誉为古代世界先进的宇宙理论,也是最接近现代宇宙理论的天体学说。

古天文圣地——阆中灵山

他所创制的浑天仪是古代中国的大国重器和高科技成果。他也因此成为一位古天文学集大成者、在世界上具有重要影响力的杰出天文学家。同时，他对古巴蜀天文文化的传承也产生了重要影响，在阆中形成了多个天文世家，吸引了众多天文学家到阆中参研天文，使阆中成为汉唐时期的天文研究中心、古代中国天文圣地！

第一节　落下闳天文成就的影响

英国著名学者李约瑟在《中国古代科学技术史》一书中高度评价了落下闳的天文成就，对其进行了充分肯定。他认为落下闳是浑天说最早的代表人物，他发明的浑仪、浑象为古代中国天文奠定了坚实的科学基础，并认为其天文成就完全能与古希腊著名天文学家托勒密的"托勒密系统"媲美，而前者比后者早了200多年。《中国大百科全书·天文学》认为落下闳发明了赤道浑仪，在中国使用了2000多年。他所测定的二十八宿赤道距度（赤道差）使用了800多年，直到唐开元十三年（公元725年）才被僧一行测定的新值所取代。落下闳第一次提出了日交食周期为11年产生23次日食。落下闳首创"无中气置闰法"，并以正月为岁首，沿用至今。他破除了源于上古原始民族时代盖天说天圆地方狭隘的天地观，倡导"天地混沌如鸡子"的浑天说。浑天说经过扬雄、张衡、陆绩、葛洪、李淳风等历代天文学家的不断改进和完善，在古代中国天文宇宙理论中起着支配作用，将中国人的天地观念引入了一种科学的认识轨道。落下闳研制的浑仪、浑象被多次仿造，成为历朝历代的大国重器，也是古代中国最重要的天文观测仪器。落下闳堪为科学巨人，其地位和影响可以与孔子和老子媲美。落下闳的成就还吸引了张道陵、葛洪、袁天罡、李淳风、杜光庭、陈抟等著名天文学家和道学家问道阆中，参悟天地大道，使阆中成为汉唐时中国民间天文研究中心，被誉为"天文之乡""中国古天文圣地"，对中国传统天文、宗教、农业、医学、哲学等产生了重要影响。

道教祖庭——云台观航拍图

东汉时，张道陵、张衡、张鲁祖孙三代传道阆中，根据阆中本土巫教和天文文化，创立了五斗米道。五斗米道以阴阳五行和踏罡步斗、崇祭日月星神为基本法术，仿《太初历》二十四节气设二十四气治，建立二十四教区，并将二十四治分为上、中、下三品。每品八治以应八方和八风八节作为道教的基本组织结构。仿天文三垣（紫微垣、太微垣、天市垣）讲三天（玉清天、上清天、太清天）之法、立三官（天官、地官、水官）之制和三元日（上元正月十五、中元七月十五、下元十月十五）朝天师活动。阆中文成山、云台山、灵山、玉台山成为五斗米道的重要道场。云台山，亦名灵台山，被三张定为二十四治之下八治之首治，为川东北教区中心。后张道陵归真于阆中云台山，从此天下道脉出云台，云台山成为道教圣山，云台观成为道教祖庭。东晋著名道教学者、神仙家、医学家葛洪曾长期隐居阆中云台山和天目山，并在云台山留下了葛洪书岩、葛洪墓、

阆中天宫院袁天罡、李淳风塑像（涂兴明 摄）

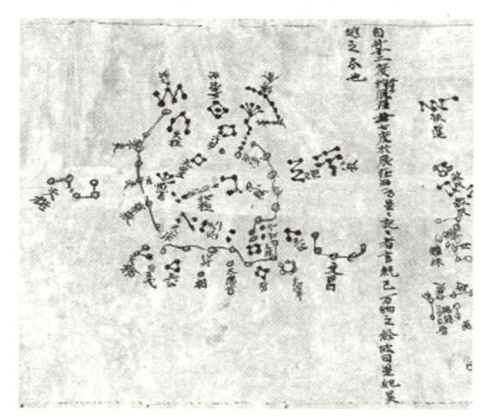

李淳风天文图（敦煌出土文物）

天目山天目观等遗迹。唐代袁天罡、李淳风长期隐居阆中参研天文，问道灵山，并在阆中留下了锯山垭、盘龙山袁天罡占星台、天宫院、淳风祠等众多名胜古迹和传奇故事，并著有《推背图》。传说他们归真于阆中，形成了著名的天宫天文易学风水名胜区。李淳风还是《晋书》《隋书》两代史书中"天文志"的作者，他对唐代以前中国的天文文化进行了系统的总结，对落下闳的天文成就进行了高度评价。他对源自落下闳的浑仪、浑象进行了改造，统称浑天仪，成为中国古代浑天仪的经典之作。宋元明清的浑天仪都是按照李淳风的浑天仪制作而成。五代北宋之际，著名学者陈抟隐居阆中云台山参研天文易学，体悟阆中山川地理形法，得天文易道心法，后将太极图刻于华山石壁，从此天下易图出阆中。南宋时著名学者、政治家、阆州剑阁人黄裳精研古阆中天文易学，并授皇帝天文。为了便于皇帝学习，黄裳将源始唐代李淳风和僧一行的星图进行整理完善，制作了世界最早的石刻天文图。该图至今保存在苏州博物馆，是古代中国天文学发达的象征，同时也是对古阆中独特厚重的天文文化的传承。

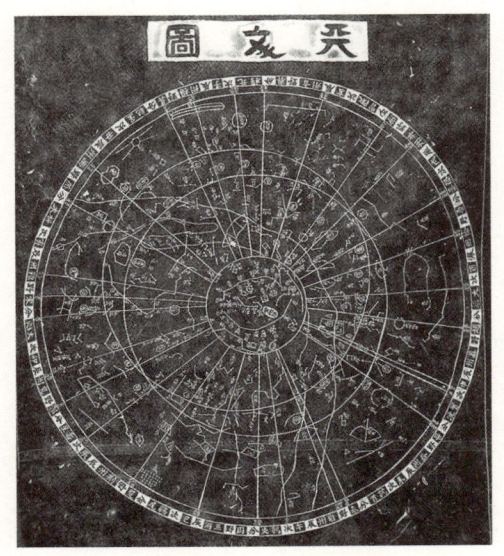

黄裳石刻天文图（苏州博物馆藏）

第二节　落下闳天文传承

　　落下闳的天文成果激励了阆中一代又一代文人大夫立志于天文观测与研究。两汉三国时出现了以谯玄、谯瑛、谯周为代表的谯家，以任文公、任文孙为代表的任家，以周群、周舒、周巨为代表的周家等天文世家。

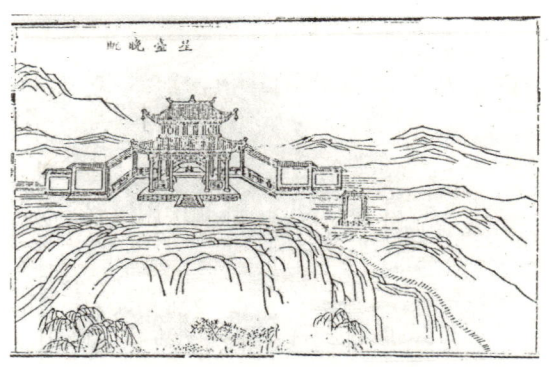

《保宁府志》所刊清代黎学锦恢复的盘龙山星台图

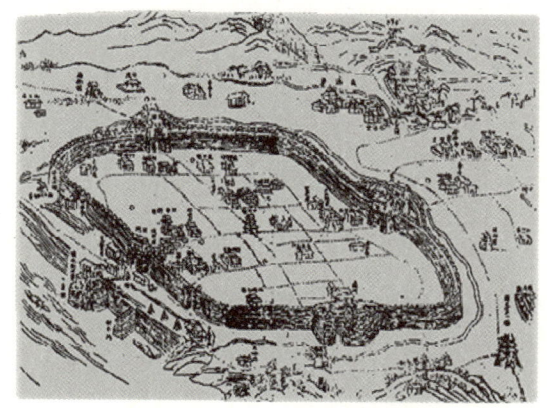

《保宁府志》中的阆中古城池图

谯玄及谯氏宗族：谯氏先祖源于西周召公姬奭的儿子盛。谯是盛的封地，其子孙以国为姓。秦汉时，一支谯氏定居于阆中嘉陵江流域，成为川东北地区的名门望族。秦汉以来，阆中谯氏出了许多名人。如谯隆，善于进谏，曾任汉武帝时的上林令和成皋令。落下闳就是经他举荐而参与太初改历工作的。谯玄、谯瑛、谯周都是帝王之师，善于讲《易》与《春秋》，在天文方面有着很深的造诣。据《后汉书》记载，成帝永始二年（公元前15年）、平帝元始元年（公元1年）曾出现了两次"日食之灾"，流言四起，朝廷非常重视，组织人进行研讨和科学解释，唯谯玄的论说让朝野上下心服口服。更可贵的是，王莽专权建立新朝后刻意笼络谯玄，而谯玄不为名利所动，回到阆中隐居。后公孙述割据西川，派人拉拢、百般利诱，谯玄誓死不支持公孙述。光武帝刘秀被谯玄的正直贤良所感动，建立东汉后专门派人请谯玄回朝做官。谯玄去世后朝廷敕诏建谯玄祠。今阆中老观镇仍留下了慕贤山、谯元庙、谯坝、谯家河等古迹，谯玄也被乡人奉为"土主"。刘秀封谯玄子谯瑛为北宫卫士令，为朝廷讲授易学。谯周是蜀汉时著名学者，被誉为"蜀中孔子"，在天文易学方面有很深的造诣，曾做过中散大夫、光禄大夫。他桃李满天下，是刘备儿子刘禅（俗称阿斗）和《三国志》作者陈寿的老师，对蜀汉政治文化有着重要影响，著述甚多。其后人谯秀曾任巴西太守。北宋初年，谯氏后人谯定曾向周敦颐讲《易》和天文，后周敦颐继以开一代新学，开启宋明理学序幕。

阆中古城落下闳纪念馆——星座苑（涂兴明 摄）

任文公、任文孙父子：《后汉书》记载其明晓天文，善于候风测雨，预测精准，多有应验。汉哀帝时，任文公任益州从事。时逢大旱，即向刺史预言"五月一日将有暴雨和涨大水，应当做好防洪准备"。太守不听，任文公独自准备了大船。知晓此事的群众也有准备。到了五月一日早上，天气仍然暴热干旱，任文公催促刺史上船，刺史笑之。结果日将中午，风云突起，大雨倾盆，江水涨了十余丈，破坏田舍，受害群众达数千人。任文公于是以占风雨闻名。王莽篡汉后，文公预测天下即将大乱，便带家人逃往子公山隐居，躲过了10余年的战乱。

周舒、周群、周巨：生活于东汉末至三国时期，是当地很有影响的天文世家。他们热爱天文，并在庭院中筑一小楼以观星象，常年不懈。周舒少年时曾师从广汉人杨厚学习天文与占卜，后授其子周群，并被刘备视为师友。周群曾根据星象预言荆州牧刘表将死而失其政权，次年秋便应验了。东晋王嘉在《拾遗记》中说，周群在岷山采药，有一白猿化为一老翁，手握玉版向其传授上古历法，并说春秋战国历法多有不足，直到落下闳《太初历》，历法才得其要旨。周群于是被人们称为"后圣"。

周舒、周群、周巨塑像（涂兴明 摄）

　　落下闳的杰出天文成就被乡人所敬仰，他本人也被家乡人民称为"圣人"。不仅历代地方史书记载了落下闳的有关事迹，而且阆中古城的规划修缮中也全面融入天文元素，经过代代相承，形成了"山环四面，水绕三方，七关守护，十景云开，三垣四象，形神逼真，天门地户，形象分明"的九井九宫城市格局，号称五城十二楼，被誉为阆苑星城、人间仙境，并留下了中天楼、华光楼、火神楼、管星街、合璧井、柳宿（树）井、东井、左营街、右营街、北街、南街、东街、迎恩街、南津关、五吉关、散子山、蟠龙山、七星台、白塔、魁星楼、观星楼等众多天文遗迹遗址。

阆中锦屏山公园的日晷（涂兴明 摄）

近年来，阆中又投巨资修建了中国春节文化主题公园、天宫天文易学文化景区，并创建了落下闳天文文化传承体系，向国际天文学会申请命名了"落下闳小行星"，申请将阆中命名为"中国春节文化之乡"，拓展修缮了锦屏山原观星楼景区，并依托世界风水文化博览城创建了落下闳天文科普馆和以阆中天文神话传说为主线的《阆苑传奇》5D 影院。老观古镇、桥楼乡和古城也相继开展了形式多样的落下闳文化传承活动。为了提升落下闳的影响力，阆中还开展了落下闳大道、落下闳大酒店等命名活动，开展了落下闳专题科学研究活动和落下闳春节文化博览会，出版了《中国古天文圣地——阆中》《星耀长河——杰出天文学家落下闳》《落下闳传奇》以及春节文化丛书等系列著作，形成了落下闳研究热潮。

《阆苑传奇》5D影院天文意象图

世界风水博览城的灵山缩微效果图

阆中中国春节文化主题公园（涂兴明 摄）

寄　语
——时代呼唤落下闳精神

　　自2017年落下闳被评选为四川首批历史文化名人以来,随着研究和宣传的深入,西汉巴郡阆中落下闳就因其杰出的天文成就,逐渐从历史的层层迷雾中走出,成为大众瞩目的焦点,研究落下闳、宣传落下闳、弘扬落下闳精神已成为当今社会发展之需要。我们今天呼吁学习、传承和弘扬落下闳的时代精神,目的是引导当代人像落下闳那样崇尚科学,精益求精,敢于创新;崇尚团结,虚怀若谷,功成不居;崇尚质朴,不恋繁华,造福乡梓;对宽容包容的大自然应有敬畏感;对神圣、隆重的春节民俗心存仪式感;对伟大、睿智的华胥、伏羲、落下闳等先圣心存崇敬感。

　　因此,当你缓缓地合上这本小册子的时候,请你一定要平心静气、认真地回想回观:这本小册子给你留下了哪些深刻印象?落下闳的杰出贡献体现在哪些方面?我们还建议你:用十分钟的时间,闭上眼睛,集中注意力,像回放电影画面那样,慢慢地回味书中的主人公——

他是谁？他的家乡在哪里？他是中国哪个时代的人？他为什么能够去京都长安？他为什么能成为世界杰出的天文学家？他为什么又不愿留在长安做官？他的哪些优秀品质值得我们学习？浩瀚的太空中，那颗"落下闳小行星"的编号是多少？

我们应该继承和发扬的落下闳时代精神有：

观测记录，冷静分析，反复比对，一丝不苟的科学精神；

不嫌麻烦，不畏艰辛，讲究效率，破旧立新的创造精神；

平视权贵，直面权威，据理力争，敢于碰硬的较真精神；

大胆假设，小心求证，精益求精，追求卓越的工匠精神；

不计名利，不恋繁华，决意辞官，献身科研的奉献精神；

潜心探索，悉心教导，英才辈出，造福黎民的乡贤精神。

让我们在回味落下闳精神的过程中秉持科学开放的文化心态，在新的人生征途上，做一个仰望星空的人！

参考文献

[1] 冯时. 中国天文考古学[M]. 北京：中国社会科学院出版社，2010.

[2] 谭继和. 巴蜀文化思辨集[M]. 成都：四川人民出版社，2004.

[3] 陈久金，吴守贤，全和钧，等. 中国天文学史大系[M]. 2版. 北京：中国科学技术出版社，2013.

[4] 鲁子健. 巴蜀天数[M]. 成都：巴蜀书社，2005.

[5] 蒙文通. 巴蜀古史论述[M]. 成都：四川人民出版社，1981.

[6] 徐中舒. 论巴蜀文化[M]. 成都：四川人民出版社，1981.

[7] 王萌. 守望吾土吾乡[M]. 银川：宁夏人民出版社，2010.

[8] 张治平. 中国古天文圣地——阆中[M]. 长春：吉林人民出版社，2018.

[9] 李约瑟. 中国科学技术史[M]. 北京：科学出版社，1975.

[10] 查有梁. 世界杰出天文学家落下闳[M]. 成都：四川辞书出版社，2009.

[11] 陈久金，卢央，刘尧汉. 彝族天文学史[M]. 昆明：云南人民出版社，1984.

[12] 冯时. 中国古代物质文化史：天文卷[M]. 北京：开明出版社，2013.

[13] 冯时. 天文学史话[M]. 北京：社会科学文献出版社，2011.

[14] 冯时. 百年来甲骨文天文历法研究[M]. 北京：中国社会科学出版社，2011.

[15] 陆思贤. 周易·天文·考古[M]. 北京：文物出版社，2014.

[16] 童恩正. 古代的巴蜀[M]. 重庆：重庆出版社，2004.

[17] 刘尧汉. 中国文明源头新探[M]. 昆明：云南人民出版社，1985.

[18] 萧兵，叶舒宪. 老子的文化解读[M]. 武汉：湖北人民出版社，1994.

[19] 冯时. 中国古代的天文与人文[M]. 北京：中国社会科学出版社，2006.

[20] 何光岳. 南蛮源流史[M]. 南昌：江西教育出版社，1988.

[21] 张正明. 楚文化史[M]. 上海：上海人民出版社，1987.

[22] 李零. 楚帛书研究：十一种[M]. 北京：中华书局，2013.

[23] 李零. 中国方术正考[M]. 北京：中华书局，2006.

[24] 李零. 中国方术续考[M]. 北京：中华书局，2006.

[25] 苏秉琦. 中国远古时代[M]. 上海：上海人民出版社，2010.

[26] 许倬云. 说中国[M]. 桂林：广西师范大学出版社，2015.

[27] 夏含夷. 远方的时习[M]. 上海：上海古籍出版社，2008.

[28] 易华. 夷夏先后说[M]. 北京：民族出版社，2012.

[29] 苏秉琦. 中国文明起源新探[M]. 沈阳：辽宁人民出版社，2013.